本书系浙江省软科学研究计划项目"浙江省全面创新改革试验任务评估研究"、国家自然科学基金青年项目"要素市场扭曲下的中国城市扩张机制及其绩效研究"（批准号：71704028）的阶段性成果。

改革创新与转型升级研究丛书

中国城市生活质量、商业环境与人口流动研究

—— 基于空间均衡的视角

周梦天 著

人民出版社

目　　录

表　索　引

图 索 引

导　　论

一、城市化背景下的人口集聚趋势

城市是人类生产生活集中的地区,是人类文明和社会进步的产物,是人类追求美好生活的阶梯。亚里士多德对城市的意义曾有如下论断:人们来到城市是为了生活,人们居住在城市是为了生活得更好。① 改革开放以来,我国城市化进程快速推进与经济高速发展相伴而行,人民生活水平得到了极大的提高。我国城市化率从 1978 年的 17.9% 增至 2018 年年末的 59.58%②。这期间人均国内生产总值从 156 美元增长至 9770 美元③,我国成功跻身中等收入国家行列,经济总量跃居世界第二。从 1978 年到 2018 年,我国贫困发生率下降了 94.4 个百分点④,人均预期寿命从 68.2 岁增长到 76.41 岁⑤。国务院发展研究中心和世界银行联合课题组 2014 年的报告对我国的城镇化给予了高度评价,原因是我国的城镇化实现了就业和收入的快速增长,同时成功避免了

① ［古希腊］亚里士多德:《政治学》,高书文译,九州出版社 2007 年版,第 11 页。

② 1978 年全国城市化率由《新中国六十年统计资料汇编》数据计算得到,为户籍统计数,改革开放前我国人口流动规模小,人户分离比例低,可近似用户籍统计数替代常住人口统计数;2018 年城市化率来自《2018 年国民经济和社会发展统计公报》,为常住人口统计数。

③ 世界银行网站数据,见 https://data. worldbank. org/indicator/NY. GDP. PCAP. CD? locations=CN。

④ 数据由《人民日报》关于中国扶贫改革 40 周年座谈会的报道内容计算得到,2018 年 12 月 9 日,见 https://baijiahao.baidu.com/s? id=1619287563983133055&wfr=spider&for=pc。

⑤ 世界银行网站数据,见 https://data.worldbank.org/indicator/SP.DYN.LE00.IN? locations=CN&view=chart。

失业率高企、贫民窟蔓延等常见的"城市病"。然而我国的城市化进程同样存在着突出的问题和挑战:首先,由于城市公共产品供给难以满足需求,外来人口难以享受与户籍人口同等的待遇(张展新,2007),这进一步导致我国特有的"候鸟型"劳动力流动模式(孙红玲,2011),移民行为的短期性阻碍了我国消费力的提升(陈斌开等,2010);其次,随着经济活动的扩张,环境污染给经济社会带来的成本越来越巨大,世界银行 2016 年的一份报告显示,我国因空气污染造成的经济损失达到 GDP 的 10%,Chen et al.(2013)的研究发现空气污染使得我国北方人口平均寿命减少 5.5 年。随着我国经济社会发展进入新阶段,人民日益增长的美好生活需要和不平衡不充分的发展之间的矛盾日益凸显,城市化的意义不再停留在"量"的层面,更重要的是提升城市内在价值,满足居民对更高生活质量的需求。

在我国城市化推进的大图景之下,地区间发展正悄然发生巨大的分化。改革开放后,人口流动的限制被不断放松,人们开始用脚投票选择最优的工作和居住的地点。在人口大规模流动的背景下,地区间人口变化趋势产生了明显的分化。一方面一些沿海城市人口激增,其中北、上、广、深四个城市2000—2010 年间常住人口增加之和超过 1800 万[①],相当于 2010 年智利全国的人口总量。人口流入为这些城市提供了充足的劳动力,但也导致当地教育、医疗、住房等服务供应紧张,使它们不得不采取各种措施,限制常住人口过快增长。形成鲜明对比的是,四川、贵州、湖北、安徽等内陆省份以及东北三省的诸多城市面临严重的人口流失,其中四川的资阳和广安这两个城市 2000—2010 年十年间常住人口减少超过 20%。从这些城市流出的人口主要是以就业机会为导向的年轻劳动力,他们的离开加速了地区人口老龄化,纷至沓来的

---

① 我国城市常住人口增量中仅 15%由城镇人口自然增长带来(国务院发展研究中心和世界银行联合课题组,2014),剩下 85%主要来源于人口的流入。另外,Cai and Wang(2003)运用"五普"资料发现,超过 80%的人口流动是流向城市。因此地区人口的增加可以基本被认为是城市人口的增长。

是房地产库存难消化①、养老金空账②等一系列问题。在我国经济地理发生深刻变化的背景下,理解哪些因素主导了人口流向,对于理解区域经济发展格局具有重大的意义。

二、中国人口迁移动因

快速推进的城镇化和大规模的跨地区人口迁移是改革开放 40 多年来助力我国经济腾飞的两股重要力量。然而在这一大图景背后,地区间发展存在明显分化。东部沿海城市伴随人口大量流入而持续繁荣,东北三省和中西部城市却因人口流失严重而逐渐走向凋敝。近年来又出现新的趋势,部分超大城市人口开始负增长、中西部城市显露人口回流迹象。未来地区间人口流动的走势将会如何发展? 这是一个全社会关注的重要问题。人口是经济和社会发展的重要基础和核心要素,随着我国人口增速放缓,地区间对于人口资源的竞争越发激烈。在这样的背景下,无论是揭示城市对于人口的吸引力,还是分析人口在城市间迁移的动因,对于预测未来人口在地区间的分布以及明确下一步城镇化建设目标都具有重要意义。

人口迁移的动因可以归结为工作和生活这两点,相对应的,城市对人的吸引力可以归结为商业环境和生活质量这两个方面,前者为居民提供更好的就业机会,后者为居民提供更优质的公共服务和居住环境。如果能通过一定方法将我国城市的商业环境与生活质量进行量化,那么结合我国人口流向就可以回答一个根本性的问题:我国人口流动是为了工作机会还是生活质量? 而回答这一问题对指导我国下一步城镇化建设的方向有至关重要的意义。

---

① 陈斌开等(2012)利用人口普查数据发现,中国居民的住房需求与年龄高度相关,20 岁以后需求开始上升,50 岁之后逐步下降。李超等(2015)利用 2013 年 CHFS 数据发现,住房需求主体 60%左右为年轻人群。

② 东北三省由于历史原因,国企占比高,加之人口老龄化严重,是社保空账的重灾区。人力资源和社会保障部《中国社会保险发展年度报告 2015》显示,东北三省 2015 年城镇企业职工养老保险基金当期全部收不抵支,企业养老保险抚养比(参保职工人数与领取养老保险待遇人数之比)仅为 1.55,远低于 2.88 的全国平均水平。

文献中一般认为追求更好的工作或者说经济因素是主导我国改革开放后人口大规模流动的首要原因(王桂新,1996;段成荣和杨舸,2009;王桂新等,2012)。随着在全球分工模式中我国"世界工厂"地位逐步确定,改革开放后拥有地理优势的东部沿海城市经济迅速腾飞。这些城市更多的就业机会和更高的工资持续吸纳了来自其他地区的大量劳动力资源,在此期间我国人口流动整体呈现为"孔雀东南飞"的大趋势。在这一过程中,城镇化主要关注经济的发展,即通过创造更多工作机会吸引人口流入。与此相对应的是对城市公共服务和生态环境的忽视。地方政府对于外来人口普遍采取"劳动承接,户籍拒绝"的政策,即享受外来人口为本地经济作出贡献的同时却不为其提供公共服务,这导致了我国独有的"人户分离"的劳动力迁移模式以及进城又回流的"半城市化现象"(王春光,2006)。2.34亿统计为城镇人口的农民工及其随迁家属未能平等地享受教育、医疗、住房保障、养老等基本公共服务,城镇内部新的二元矛盾凸显;同时粗放的工业化发展方式带来沉重的环境代价,我国99.6%的人口暴露在PM2.5浓度超过世界卫生组织标准线的空气环境中(Brauer et al.,2015),3亿人使用的水受到污染,环境污染对居民健康造成的危害引起了社会的普遍担忧。但值得注意的是,我国幅员辽阔,地级市数量达到294个,不同城市间公共服务和空气质量等宜居性特征存在巨大差距。例如优质的教育、医疗资源主要集中在大城市;不同规模的城市落户难易程度不同①;南北方城市空气污染程度差异明显②。这意味着我国居民可以用脚投票,迁往更为宜居的城市。随着社会发展和人民生活水平普遍提高,文献发现地区公共服务和居住环境对于吸引劳动力流入扮演着越来越重要的角色(梁若冰和汤韵,2008;张丽等,2011;夏怡然和陆铭,2015;Freeman et al.,2017)。

---

① 1998年,中央政府明确了严格控制大城市规模、合理发展中等城市和小城市的户籍改革原则,随后的发展中,小城镇全面放开了落户限制,大中城市逐渐放宽申请条件,降低落户门槛,而北京、上海等特大城市落户门槛不断提高,严格控制户籍人口增长。参见王美艳、蔡昉:《户籍制度改革的历程与展望》,《广东社会科学》2008年第6期。

② 以2015年PM2.5年均浓度为例,最为严重的几个北方城市超过100μg/m³,而南方城市如深圳、厦门等均在30μg/m³以下。

　　而如何在一个统一的框架内利用经济学方法对我国城市的商业环境和生活质量进行量化? 最早由 Rosen(1979)和 Roback(1982)提出并由 Gabriel and Rosenthal(2004)和 Albouy(2015)进行拓展的空间均衡模型为我们提供了有力的工具支持。该模型认为一个城市的生活质量和商业环境的经济价值就体现在城市的工资和房价上。具体地说,该模型中,城市生活质量、工资、生活成本(主要以居住成本为代表)是居民需要权衡的三个要素,而城市商业环境、劳动力成本、用地成本是企业需要考量的三个要素;假设个人和企业在城市间可以自由流动,达到空间均衡时,无论是居民还是企业,在一个方面获得的优势均必须以其他方面的劣势进行抵消;因此,对于居民而言,一个地区如果生活质量越高,那么他们需要为此支付更高的代价,例如在收入一样的情况下支付更高的生活成本,或在生活成本一致的情况下接受相对较低的工资;对于企业而言,一个地区更优越的商业环境,则需要企业相应支付更高的土地成本或劳动力成本进行抵消。本书第二章论证了空间均衡模型在我国的适用性,并运用该模型计算了 2000 年我国 258 个地级以上城市的生活质量和商业环境指数,并对我国生活质量指数结果的成因进行了分析。

　　本书第三章利用第二章计算得到的我国城市生活质量和商业环境指数,结合 2000 年人口普查微观数据,回答了我国劳动力迁移是为了工作机会还是生活质量这个问题。

　　城市生活质量实际上是居民对于各项城市宜居特性的支付意愿总和,或者说是各项城市特征的整体经济价值。然而具体城市特征的经济价值对于城市建设而言更具有实际含义,例如清洁空气的经济价值是城市管理者在治理大气时的政策依据,再如公共品的经济价值是地方政府对农民工市民化成本收益权衡时需要考虑的关键因素。这些城市环境特征不像一般商品有公开的市场,但我们可以通过它们在其他市场(如住房市场)上的资本化,计算出其经济价值。计算单项城市特征的难点在于遗漏变量的挑战(Albouy,2012)。较为理想的方法是通过特定的实验设计进行估计。第四章就进行了这样的工作,利用基于政策冲击的双重差分研究框架计算了居民对清洁空气的支付意愿。

三、本书创新点和边际贡献

随着城镇化进入新阶段,城市环境对于吸引人口流入和促进城市经济发展发挥着越来越重要的作用,在我国开展城市环境经济价值的研究方兴未艾。本书借鉴了西方文献中的经典研究方法,结合我国特殊的制度背景,通过劳动力市场和住房市场价格调整机制,对估算我国城市环境的经济价值进行了若干尝试。本书的创新点和边际贡献主要有以下几点。

第一,本书第二章应用空间均衡模型计算了中国城市的生活质量和商业环境指数,这是为数不多的系统地将该方法运用于我国的尝试。这一过程中,本书论证了在我国这样一个发展中国家适用空间均衡模型的原因;提出了在数据受限下利用部分地区微观数据和全国城市层面数据相结合对工资和房价进行调整的方法;利用各项城市特征对城市生活质量和商业环境指数进行多元回归,考察了我国城市生活质量和商业环境的决定因素;根据户籍制度下特有的"钟摆型"的劳动力迁移模式,对我国生活质量指数特征的成因进行了解释。

第二,本书第三章结合城市生活质量和商业环境指数以及 2000 年人口普查微观个体流动信息,回答了我国流动人口为了工作还是生活而流动这一问题。第三章计算得到的我国生活质量和商业环境显著的负相关性,决定了人口迁移不得不在生活质量和工作机会这两大目标之间进行权衡。结果发现,经济因素主导了我国人口的流向,即人口主要迁往商业环境更优越的城市。然而在整体趋势之下,户籍移民呈现截然相反的迁移方向,他们从工作机会更多的城市流出,迁往生活质量优越的城市。本书认为后者反映了流动人口的返迁。这两种截然相反的人口流向实际上是流动人口在生命周期上追求工作机会(外出务工)和生活质量(返乡定居)的目标转换。本书揭示了户籍制度绑定基本公共服务的制度背景下我国特有的人口迁移模式。

第三,本书第四章首次利用信息披露作为识别来源考察了空气质量在房价上的资本化。以往研究往往从影响空气质量的外生冲击着手,本书首次着眼于空气质量信息的可得性,以地区间陆续开展的信息公开作为自然实验,为评估我国空气质量的经济价值提供了科学有力的证据。同时,本书结果充分展示了环境信息公开对地区经济产生的影响,为进一步转变环境治理理念、加快环境信息公开提供了理论依据。

第一章　相关文献综述

第一节　空间均衡模型的理论基础

一、空间均衡模型的理论概述

空间均衡模型是城市经济学的核心理论工具（Glaeser and Gottlieb,2009；Chauvin et al.,2017）。空间均衡模型按照地理范围可以划分为城市内和城市间均衡两类。前一类文献由 Alonso(1964)、Mills(1967)、Muth(1969)等人的工作开创。他们研究城市内部土地价格和用途,为城市内空间均衡奠定了理论基础。Rosen(1979)和 Roback(1982)将空间均衡的思想运用在考察城市间工资和房价差异上,形成了如今应用更加广泛的城市间均衡模型。

两类模型的主要差异在于,城市内部均衡模型中地租的决定与工资无关（城市内部只有一个工资水平）,而主要受不同地点通勤的交通成本影响。而在城市间模型中,工资和房价是两个关键性变量,它们共同反映均衡时人们对于城市居住环境的支付意愿。由于本书着眼于城市之间环境的差异,因此下文所探讨的空间均衡模型内容均特指城市间的空间均衡。

一个最简化的空间均衡模型可以表示如下。

假设存在一系列的城市,居民可以在其中自由流动。第 j 个城市的工资、房价和生活质量分别为 w^j、r^j 和 A^j。假设所有收入都来自于工资,每个居民都消费一单位住房。给定居民的效用函数为线性,可表示为 $U(x,A^j)=$

$x + A^j$,其中 x 为除住房外其他商品的消费量,假设其他商品都是可贸易品,城市间价格无差异,价格为 1。则个人最优化问题可以表示成:

$$\max_{j} U(x, A^j) = x + A^j, \, j \in \{1, 2, \cdots\} \tag{1-1}$$

$$s.t. w^j = x + r^j$$

将预算约束代入效用函数,可得 $U(x, A^j) = w^j - r^j + A^j$。空间均衡时,居民在每个城市得到的效用一致,假设都为 $\bar{u}$,则对于任意两个城市来说,$w^j - r^j + A^j$ 都相等,从中可见工资、房价和城市生活质量三者的关系。

空间均衡模型的核心思想是,每一个地理位置在考虑了成本和收益之后给人带来的效用应该是无差异的,也可以称为空间无套利原则。例如一个城市如果生活质量更高,那要么通过当地更高的居住成本来进行抵消,要么通过更低的工资水平进行抵消,不然在这个地区居住就会带来超额效用,进而人口大量涌入,最终依旧会抬高房价和压低工资。

空间均衡的思想在解释各类经济问题中均有广泛的运用,如城市规模对工资及福利的影响(Baum-Snow and Pavan,2012;Desmet and Rossi-Hansberg,2013;杨曦,2017;刘修岩和李松林,2017),地区间人均收入差距的演进(Ganong and Shoag,2017),空间错配导致的效率和福利损失(Hsieh and Moretti,2015),制造业产业和服务业空间分布的动态变化(Desmet and Rossi-Hansberg,2014),地理环境对地区经济的影响(Allen and Arkolakis,2014;Harari,2016)以及区域经济发展政策的作用(Kline and Moretti,2014)。

二、空间均衡模型的基本假设和假设的放松

空间均衡模型成立的第一个条件是人口自由流动。在这个前提下,如果任何一个地区能给居民带来更高的效用,那么一定会引起人口流入使得房价上升或者工资下降,从而抵消超额效用,因此达到均衡时,任何一个地理位置给人们带来的效用都一致。空间均衡模型之所以在美国应用广泛,依赖的就是美国人口高度流动的社会大背景。Chen and Rosenthal(2008)提到,1995—2000 年间,45.9%的美国居民至少迁移过一次。虽然 2000—2010 年间,美国

人口的流动性大幅下降,但相比于其他国家依然处于超高水平(Chauvin et al.,2017)。需要指出的是,模型成立实际上要求的是人口拥有自由流动的权利,高人口迁移率是其充分条件而不是必要条件。

空间均衡模型隐含的第二个假设是,个人或者企业的反应没有时滞,对于冲击能即时作出反应,并且迅速流动而达到均衡状态。显然,这一点在现实中很难成立。Blanchard and Katz(1992)对市场调整过程进行了实证考察,发现如果一个地区发生外生冲击,这种效应确实会被人口的流动所抵消,但这一过程大致需要 5 年时间。Glaeser and Gyourko(2005)通过实证研究和理论模型得出,由于房屋的耐用品特征,供给在短期是刚性的,地区生产力的冲击对房价的影响往往会持续数十年才能完全消化。Hornbeck(2008)通过研究 20 世纪 30 年代美国部分地区频发的沙尘暴事件发现,地区环境突然恶化会导致人口在很长一段时间持续流出,换句话说,即通过人口流动达到空间均衡是一个旷日持久的过程。同时,不同群体通过迁移行为表现出的对于城市环境的反应程度也不尽相同。Saks and Wozniak(2007)研究发现地区的商业周期变化确实会引发人口通过迁移行为进行调整,但劳动力在不同职业发展阶段对商业周期的敏感性不同。类似的,Glaeser and Redlick(2008)发现不同受教育水平的人群,在流动性上存在显著差异。纵使面对冲击,个人和企业的流动需要充足的时间才能达到均衡,但实际上这一点对于空间均衡模型成立的威胁并不大,因为只要地区劳动力市场和住房市场的价格调整足够迅速,同样能保证理论的成立。对此,Glaeser(1995)用理论模型进行了证明。

以上模型还蕴含了一个往往被忽略的假设,那就是人口流动没有迁移成本。但实际上,大量移民文献表明,迁移一般都要承受一定的物质成本和心理成本,而且随着距离的增加而增加(Schwartz,1973)。Bayer et al.(2009)指出,如果将迁移成本考虑在内,传统空间均衡模型估计的城市环境是有偏的。他以美国清洁空气法案为例,法案的实施改善了部分地区的空气质量。如果一个地区的空气因此得到改善,理应看到当地房价上涨或者工资水平下降。然而对有意愿迁入这些城市的移民来说,由于他们要额外承担迁移成本,只有房价和工资水平对他们进行相同程度的弥补，他们才会愿意迁入。因此，房地产市场和劳动力市场呈现的价格是已经补偿了迁移成本后的水平。他通过离散选择模型避免了对迁移成本为零这一假设的依赖，估计得到相对于以往研究更高的空气质量的支付意愿，意味着传统的测算方法导致了结果的低估。总的来说，不考虑迁移成本确实会使得空间均衡模型预测结果偏离真实值，但可以通过一定方法对迁移成本进行调整，克服由其造成的偏差。

经典的空间均衡模型为了分析简化，还假设个体是完全同质的。但实际上个体存在诸多方面的异质性。一个方面是偏好的异质性，比如某些环境特征（如城市公共交通便利性、消费多样性），不同年龄、收入水平和受教育水平的人群对它的支付意愿会截然不同；同样，不同的群体可能对某些城市会有特殊的偏爱。经典模型用统一的效用函数进行刻画显然偏离了偏好多样性的现实。Albouy(2012)在偏好异质性方面对模型进行拓展。其主要思想是，如果假设城市人口规模决定了城市内部偏好多样性的程度，那么考虑了不同城市偏好多样性的差异后，大城市实际的生活质量将高于经典模型测算出的水平。另一个方面的异质性体现在劳动力人力资本的差异上。而现实中，人力资本在城市间的分布差异很大，人力资本高的城市普遍表现出更强劲的经济增长，一方面人力资本外部性导致的城市生产力提升，另一方面高受教育人群聚集会提升城市的生活质量(Shapiro,2006)。Glaeser(2008)建立了一个包含人力资本异质性的动态模型，考察了人力资本对技能工资溢价、地区生产力和地区经济增长的影响。Diamond(2016)建立了一个更为一般的模型，将偏好异质性和人力资本异质性同时考虑在内。

从以上文献梳理可以看出，国外城市经济学利用空间均衡模型进行测量的方法已经有坚实的理论基础和日臻完善的实证应用。然而空间均衡模型是否适用于发展中国家，是一个备受争论的话题。例如 Gollin et al.(2017)考察了 20 个撒哈拉以南非洲国家，在这些国家，空间均衡模型估计的城市生活质量恰好和实际生活水平相反，该文章认为背后的原因是这些国家还在经历人口向大城市集聚的过程，人口流动尚未达到均衡状态。Chauvin et al.(2017)

以美国作为基准,测试了空间均衡模型在巴西、中国、印度这三个最大的发展中国家的适用性,结论显示随着住房市场和跨地区劳动力市场的成熟,巴西和中国已经在一定程度上符合了空间均衡模型的适用条件,而印度尚未达到标准。本书第二章将从制度和现实等各方面深入地论证空间均衡模型在我国的适用性。

<h2 style="text-align:center">第二节　基于空间均衡模型的城市
生活质量测算方法</h2>

一、早期文献中基于空间均衡模型计算城市生活质量的方法

通过上一部分的简单模型,由城市间 $w^j - r^j + A^j$ 相等这一条件,可以从工资和房价的差额中间接得到生活质量的度量。这是通过空间均衡模型测算城市生活质量的基本思想。

Rosen(1979)最早利用空间均衡模型来比较城市间生活质量。生活质量虽然不像一般商品那样明码标价,空间均衡模型中,人们通过选择在特定城市工作和生活来享受当地的生活环境,而生活成本和工资的差额相当于人们为环境支付的价格,因此,生活质量资本化在工资和生活成本中(主要是房价)。在 Rosen 的开创性工作之后,大量研究利用微观数据对生活质量进行了测算和排名。早期的测算方法先将工资和房价分别对各项城市特征(如空气质量记为 A_1 ,光照时间记为 A_2 ,…)进行回归,根据系数计算得到居民对每项城市特征的边际支付意愿(相应记为 P_1 , P_2 ,…),最后将每一个城市特征以相对应的边际支付意愿为权重进行加总($A_1^j \times P_1 + A_2^j \times P_2 + \cdots$),即得到城市的生活质量指数。

Blomquist et al.(1988)采用了 13 个环境指标,包括 11 个自然特征和 2 个社会性环境(师生比和犯罪率),评估了这些城市特征对于城市生活质量的影响,结果符合现实直觉,提供了该方法可以广泛运用的实证基础。此外,他们

将城市生活质量进行资本化,发现家庭愿意每年为生活质量最好的城市支付5146美元作为溢价。Gyourko and Tracy(1991)认为除了自然因素之外,地区的财政环境是生活质量的重要决定因素。他们的研究发现,城市间公共服务解释了五分之一城市间生活质量的差异,意味着一个地区可以通过公共政策改变生活质量,拓宽了人们对于生活质量的理解。

早期利用空间均衡模型计算生活质量的方法在理论上已经非常完美,但在实证中面临一个巨大的挑战,Gyourko et al.(1999)甚至将这个挑战形容为这一类文献发展面临的"十字路口"。这个挑战就是第一步城市工资和房价回归方程中巨大的残差。残差可能是遗漏的城市特征所致,也可能是由于选择效应(selection effect)带来的。如果文化氛围是城市生活质量的一个重要组成部分,由于文化氛围难以度量而造成的偏差即前一种情况。再例如,大城市更容易吸引竞争意识强的个体,而这些个体更容易表现出色而获得较高的工资,因而大城市工资高可能是难以控制的个体差异(比如竞争意识)导致的,由此造成的偏差即选择效应的影响。如果这种个体的选择和城市特征系统性相关,那么生活质量指数的估算是有误的。如前面的例子,大城市工资高是因为这里聚集了更多竞争意识较强的个体导致的,如果没有控制这一个人特征,大城市的工资水平会被系统性高估,结果是大城市的生活质量会被集体低估(模型中,工资和生活水平负相关)。为了解决这个问题,Stover and Leven(1992)尝试只通过房价回归方程进行测算(他认为工资回归方程中难以控制个体特性的问题较严重,而房屋个体差异对房价造成的影响较小),但其方法中还是依赖于工资方程是否完全控制了个体差异,故在本质上并没有解决估算误差问题。解决这一挑战只能依赖更完善数据,控制一切可能的个体影响因素,在城市特征中尽量囊括所有可能的环境特征,最大可能地减小残差。

二、基于空间均衡模型计算城市生活质量的过渡期文献

早期的利用空间均衡模型测算城市生活质量的方法,依赖于准确地找出了所有对生活质量有显著影响的城市特征。这个前提往往难以实现。为了克

服这个方法上的缺陷,Kahn(1995)提出一种巧妙地通过显示偏好进行测算的方法。其思路是,根据每个个体的特征,预测居民在其他城市可能获得的工资和支付的居住成本,并进一步统计出在其他城市可能获得更高货币收益的个体比例,这个比例越高,说明该城市生活质量越好,因为越多的居民为此放弃了货币收入。这种方法可以成功绕过第一种偏误,即遗漏城市特征的可能,但是依然难以克服个体选择效应造成偏误的隐忧。依旧是前面的例子,如果大城市的工资高是由其劳动力共同的个体特征导致的(如竞争意识更强),而不能有效控制这些个体特征,仅仅按照可观测的个人特征对工资进行预测,那么预测出的大城市居民在其他城市的工资实际上是被低估的,这同样会造成预测出的大城市生活质量低于真实值。

三、目前基于空间均衡模型计算城市生活质量的主流方法

Kahn(1995)提出的方法虽然在后续文献中运用不多,但成功开启了克服第一种偏误的大门。在此之后直到最新的主流文献大多使用了改进的测算方法①(Gabriel and Rosenthal,2004;Chen and Rosenthal,2008;Albouy,2012)。具体方法是:第一步在工资和房价的回归方程中加入城市固定效应,同时分别控制个人和房屋的特征,城市固定效应的系数即控制了个体差异之后的城市平均的工资和房价水平;第二步利用城市固定效应的系数,结合理论模型和相关的参数计算出城市生活质量;最后将生活质量指数对各项城市特征(amenities)进行回归,考察不同因素对于生活质量的影响。新的测算方法不

---

① 前面提到的早期方法,2000 年之后依然散见于部分文献中,如 Gabriel et al.(2003),Berger et al.(2008)以及 Blomquist(2006),并没有完全被废弃。参见 Gabriel,S.A.,J.P.Mattey and W.L.Wascher,"Compensating Differentials and Evolution in the Quality-of-Life among U.S.States",*Regional Science & Urban Economics*,33(5),2003,pp.619-649;Berger,M.C.,G.C.Blomquist and K.S.Peter,"Compensating Differentials in Emerging Labor and Housing Markets:Estimates of Quality of Life in Russian Cities",*Journal of Urban Economics*,63(1),2008,pp.25-55;Blomquist,G.,"Measuring Quality of Life",In:Arnott,R.and D.McMillen,(Eds.),*A Companion to Urban Economics*,Wiley-Blackwell,2006,pp.480-501。

再依赖于对城市特征理解的全面性。这种方法虽然如 Kahn(1995)一样，成功地克服了第一种偏误，但第二种偏误的隐忧依然挥之不去。如果第一步回归中不能有效控制个体不可观测的特征，而其中的某些特征在城市间存在系统性差异，那么城市固定效应的系数依旧是有偏的。同时需要指出的是，第三步的多元回归也通常会存在严重的共线性问题，因此这一步并不是考察城市特征对于生活质量的影响最科学的方法，更加严谨的方法要借助于特定的识别方法和巧妙的实验设计，这类文献的发展将在后面部分进行综述。

虽然在基本方法上存在的问题还有待克服，但一系列文献将模型进行了拓展，极大丰富了利用空间均衡模型的研究内容。Gabriel et al.(2003)实现了生活质量跨期的可比性，考察了不同城市生活质量的变化。Berger et al.(2008)将这种方法进一步运用在劳动力市场和住房市场不完全成熟的新兴经济体。如果将城市生活质量看作城市的消费属性的话，很容易想到城市的另一个属性——生产属性，一系列文献将城市环境拓展到这两个维度。Gabriel and Rosenthal(2004)将厂商决策类比于空间均衡模型中的个体决策，进而将生活质量的测算推演到城市商业环境。Shapiro(2006)考察地区人力资本对就业的影响途径时，分别考察了通过城市生产力和生活质量这两个渠道的贡献率。Chen and Rosenthal(2008)利用城市的生活质量和商业环境大量出现背离的情况，研究了不同群体在城市间的移民决策行为。Albouy(2016)在原有的居民和企业两部门模型中加入本地非贸易部门和税收的因素，使得城市特征对生活质量和环境的影响的估算更加符合现实情况。

第三节　城市特征资本化

诸如温度、空气质量、交通便利性等城市环境，没有公开的交易市场，也没有明码标价，但由于资源的稀缺性，人们会自发地在各个市场上形成竞争。达到均衡时，人们对城市环境的支付意愿将资本化到工资和房价上，这便是城市特征的隐含价格。前一部分综述的文献很多涉及了城市环境资本化,但由于其采用的是多元回归方法,难以避免共线性问题,得到的结果往往噪声较大。另一类文献通过外生冲击或者巧妙的研究设计,致力于准确测算居民对于某些特定城市环境的支付意愿。这种考察商品特征对价格影响的模型被称为hedonic 模型(特征价格模型)。这里将以空气质量和学区教育资源在房价上的资本化为例梳理文献,它们也是这类文献中最具有代表性的两个主题。

一、空气质量的资本化

空气质量是影响居民生活质量的一个重要因素,而量化人们对于空气质量的支付意愿是一个较为困难的任务。如前面所说的,空气质量没有明码标价。但人们对它的支付意愿可以通过其他市场上的价格来间接揭示出来。这背后更难解决的是内生性问题。例如,高收入者往往选择空气质量更好的地方居住,而他们居住的区域除了空气质量更好之外,无论是房屋质量、学区资源、物业服务同样也是更优质的,而优势往往很难量化更难穷尽,这将导致空气好的地区房价被系统性高估,这样测算出的空气质量在房价中的资本化也会远高于实际水平。

Chay and Greenstone(2004)在克服这一内生性问题上作出了开创性工作。他的研究基于美国实行空气清洁法案的政策背景。该政策只对空气质量低于标准的地区实行严格的污染管制,这样"一刀切"的政策给利用断点回归(regression discontinuity)技术带来机会。对于标准线附近的城市,他们初始状态差异不大,因此政策实施后,如果受到环境管制的城市房价相对涨幅更高,就可以认为是空气质量改善带来的,消除了其他因素影响的可能,据此可以测算出人们对于空气质量改善的支付意愿,也就是空气质量在房价上资本化。继Chay and Greenstone(2004)后,Bayer et al.(2009)利用输入性污染作为本地空气质量的工具变量,Zheng et al.(2014)利用我国城市距离沙尘暴发源地距离、上风城市烟尘排放量和以秦岭—淮河为界的"一刀切"供暖政策作为工具变量,均为克服空气质量的内生性问题作出了尝试。以往文献在寻找外生冲击时均从影响本地空气质量的来源着眼,本书第四章创新地采用空气质量信息公开作为政策冲击。与以往文献的识别方法相比,利用信息冲击的试验设计具有明显优势。一是环境治理政策对空气质量产生影响需要较长时间,难以排除在此期间地区经济发生了其他结构性变化;二是地区经济在地理上有明显的关联性,相邻地区的经济发展往往存在相互作用,因此利用城市地理信息和临近城市排污情况依然难以保证外生性。信息公开的政策冲击产生的影响非常迅速,且各地公开时点由中央政府规定,一定程度上保证了政策冲击的外生性。

二、教育资源的资本化

衡量学区在房价上的资本化同样是一类蓬勃发展的文献。同空气质量的隐含价格测算一样,学区教育资源的资本化难点依然在于潜在的内生性问题,不再赘述。Black(1999)率先提出一个巧妙的研究设计——边界断点设计(boundary discontinuity design)。具体的做法是考察在同一条学区边界两侧的小区,它们无论在地理位置还是自然环境上基本都是没有差异的,唯一的差异体现在对口学校的教育质量不同(体现在学生平均分数上),那么边界两侧房价的差异就可以认为是人们对教育的支付意愿。这种设计方法能有效剔除其他不可观测的因素对房价的影响,但忽略了一个重要的现象,那就是居住在好学区的居民往往是更加重视教育的群体,而他们通常是高收入群体,因此即便边界两侧的居住环境没有差异,居民却已经人以群分(sorting)。因此,直接将边界两侧房价差异认为是人们对于教育的平均支付意愿会造成高估,因为这背后除了教育本身的差异外还叠加了两类人群支付意愿的差异。为了克服这个问题,Bayer et al.(2007)对房屋匹配详细的住户信息,控制边界两边住户的收入和受教育水平,克服了上述内生性问题。另一种考察学区资本化的巧妙方法是,Zheng(2016)利用中国分片入学政策只对业主生效而租户不享受的特点,在比较不同学区住房价格差异时,利用各自小区的租金价格作为控制变量,控制除学区之外其他不可观测的住房环境差异。Chan et al.(2018)综合使用了边界断点设计和基于学区边界调整的双重差分,利用微观住房交易数据估计了上海居民对于优质小学教育资源的支付意愿。

以上综述的文章,都是城市环境在房价上的资本化,这一方法有较为严苛的前提条件,如地区间房地产市场达到均衡状态(Frey et al.,2010)和零迁移成本(Bayer et al.,2009)等。但实际上,人们对环境的支付意愿还可以在许多市场上得到体现。比如 Ito and Zhang(2016)和 Zhang and Mu(2017)分别通过空气净化器市场和口罩市场的销售数据考察人们对于减少空气污染的支付意愿。另外,还有一类文献通过考察空气污染对主观幸福感的影响,将其与收入对幸福感的影响进行对照,得出居民对空气质量的支付意愿(Luechinger,2009;Levinson,2012;Anderson et al.,2016;Zhang et al.,2017)。

第四节　城市环境的决定因素

前文提到,已经有大量文献将生活质量的测算方法拓展到城市商业环境的测算上(Gabriel and Rosenthal,2004;Chen and Rosenthal,2008;Albouy,2015)。生活质量和商业环境,也可以称为城市的消费属性和生产属性,是分析城市环境两个关键的维度,因为它们分别决定了人口流向的两个动因——追求更好的工作和享受更好的生活。以下将分别从城市生产属性和消费属性的决定因素进行文献梳理。

一、城市生产力的决定因素

现有文献通常认为城市生产力优势首先是为地理和资源因素导致的原生优势(innate productivity advantage or first nature)。这一理论可以解释北美许多城市最初的兴起。如纽约的兴起是因为其是一个优良港口。与纽约类似的,由于水路交通便利对于节约运输成本的重要性,18 世纪美国最大的 20 个城市均位于主要航道旁。匹兹堡的兴起得益于城市附近丰富的煤炭资源。Bleakley and Lin(2012)发现历史上的码头的选址是由地理条件决定的,而历史上码头的先发优势不断强化,后来逐渐发展成大城市。

然而随着 20 世纪以来交通运输成本的大幅度下降,地理优势对于城市生产力的影响也逐渐减小。由此产生了另一类城市生产力优势来源的解释:集聚经济(agglomeration economies)。集聚经济的含义是经济活动越密集越能提高生产力。大量的实证结果也证明集聚经济的存在性。Ciccone and Hall(1996)研究发现了就业密度和生产力之间呈现显著的正相关关系。范剑勇(2006)和 Combes et al.(2010)分别在中国和法国发现了类似证据。以上实证文献中利用工具变量法解决就业密度本身的内生性问题,另外一些文献则通过地方经济的外生冲击验证集聚经济机制的存在。Greenstone et al.(2010)利用大型制造业企业进驻作为地区经济集聚度的外生冲击,比较成功吸引大企业进驻的地区与失去机会的备选城市,两类城市事前全要素生产率(TFP)增长趋势一致,而在大企业开工五年后,成功吸引大企业进驻的地区 TFP 高出后一类城市 12 个百分点,并且与大企业雇佣相同类型劳动力和使用相似生产技术的企业 TFP 增长更明显,证明了集聚经济的外溢性。与此类似,Kline and Moretti(2014)利用田纳西流域管理作为政策冲击,通过比较纳入管理的地区与因国会否决而未纳入的地区,发现对前一类地区大规模基础设施建设投资对当地制造业企业生产力有长期的正面影响。

集聚经济背后的机制可以总结为以下几个方面:首先,企业通过集聚能降低运输成本(Marshall,1890;Krugman,1991);其次,人群通过集聚能发挥学习(learning)、分享(sharing)和匹配(matching)效应(Duranton and Puga,2004)[1];最后,思想的传播同样受限于空间距离(Helsley and Strange,2004),

---

① 除此之外,还有文献提出竞争效应,如 Rosenthal and Strange(2008)发现就业密度增加会强化专业人才之间的竞争效应,导致他们工作时间增加。

集聚有利于信息共享①。

由集聚效应衍生的还有人力资本外部性效应,它的含义是,地区的人力资本水平越高,越有利于提高全体劳动力的生产效率和加速人力资本积累。Rauch(1993)开创性地发现地区受教育水平和工资呈现显著的正向关系,当然这一方法存在着严重的遗漏变量问题。Acemoglu and Angrist(2001)利用各州实施的差异化义务教育法作为工具变量检验人力资本外部性的存在。Moretti(2004a)使用工具变量和个体固定效应克服了个体异质性问题,为人力资本外部性提供了更加坚实的证据。Moretti(2004b)利用企业层面的生产函数结合匹配到企业的劳动力数据研究得到,大学生占比增长快的城市,其中的企业生产率提高也更快,从企业层面得到了人力资本外部性的证据。Glaeser and Saiz(2003)研究发现高学历人口占比更高的城市人口增长更快,并且这一结果主要是由人力资本提高地区生产力导致的。Liu(2007)、Glaeser and Lu(2014)及梁文泉和陆铭(2016)验证了我国人力资本外部性的存在。前两篇文献分别利用1986年开始各地分批推进义务教育法和20世纪50年代高校院系调整作为地区人力资本的工具变量,克服遗漏变量问题,发现城市人均受教育程度提升会显著促进收入增加。第三篇文献同样利用院系调整作为人力资本的工具变量,将人力资本来源按行业进行细分,发现城市规模对于不同行业人力资本外部性产生的效应存在异质性。

同时,相关文献也关注政治资源对城市生产力的影响。Ades and Glaeser(1995)通过研究85个现代国家和5个历史都城发现,政治不稳定和中央集权都会导致人口明显向首都城市集聚,因为在这些情况下,企业向权力中心靠拢可以获得明显的收益。在我国,城市政治资源按照城市级别进行分配。江艇等(2018)研究发现,城市行政级别越高,城市制造业企业平均全要素生产率也越高,这是因为行政级别高的城市掌握的资源越多,其对企业的补贴、税

① Jaffe et al.(1993)提供了一个有趣证据,他们发现专利权在引用前人专利时,更多采用地理上更为靠近的专利,说明地理距离会影响知识的传播。

收减免方面都有更大的自主权,同时拥有更优质的教育、基础设施等公共品资源,这将吸引人才流入带来人力资本优势。城市行政级别带来的生产率提高还可以反映在工资上。黄枫和吴纯杰(2008)及柴国俊和邓国营(2012)均发现了行政级别更高的城市存在工资溢价。在我国"GDP锦标赛"的官员晋升体制下,政府官员有极大的动机大力发展当地经济,竭尽全力为本地区争取资源,因此中央或省级领导对地方官员的偏好会反映为对地方的政治偏好,即给予特定地区更优渥的发展条件以帮助该地领导取得更好的政绩。Chen et al.(2017)研究发现我国城市间的政治偏好体现为更低的资金成本,且这种政治偏好对人口规模有显著影响。地区政治资源还有一个表现形式是地区性政策(place-based policies),即针对落后地区的鼓励性发展政策,如政府进行投资建立工业园区和产业集群等,这些政策旨在通过政府有形之手发挥经济集聚效应和纠正空间错配,实现社会公平。大量文献对地区性政策的效果进行了分析和检验(Papke,1994;Glaeser,2001;Glaeser and Gottlieb,2008;Kline and Moretti,2014;陆铭和向宽虎,2015;Neumark and Simpson,2015;Zheng et al.,2017)。改革开放后,我国设立了一系列经济特区和沿海开放城市,这些城市凭借税收优惠政策和先行先试的宽松制度环境,吸引了大量内外资企业进驻,成为我国经济最具活力的地区,例如深圳从开放之初的一个小渔村一跃成为如今的全国一线城市。

二、城市宜居性的决定因素

早期文献主要考察城市的生产属性,而随着社会的发展,人们越来越为了享受更好的生活质量而选择居住地,文献也逐渐开始关注城市的消费属性。

类比于决定城市生产率的城市原生优势(first nature),城市自然环境同样是决定其宜居性的重要因素。Rappaport(2007)研究发现20世纪美国移民为了享受更好的生活质量而迁往气候更加宜人的地区。Albouy(2016)利用详细的气象数据和2000年美国人口普查数据使用特征价格法研究发现,美国人最喜爱居住在日平均温度为65华氏度的地区。Chen and Rosenthal(2008)发现气候温暖、沿海的城市更受家庭喜爱,他们愿意为居住在这些地区支付更高的生活成本。

不同于城市规模对于生产力明确的促进作用,大城市的生活质量究竟是更高还是更低,在文献中存在争议。一类文献认为大城市更高的实际收入是为了弥补"大城市病"带来的恶劣生活环境,如环境污染、交通拥堵和犯罪率高企等(Hoch,1972)。然而 Albouy(2012)认为大城市非但居住环境不如估计的差,而且在调整估计方法使得其更符合实际情况后,大城市拥有明显更高的生活质量。类似的,Gollin(2017)对 20 个撒哈拉以南国家研究发现,相较而言大城市在儿童健康、公共品可及性、犯罪率和空气污染等诸多方面均未呈现明显的劣势。一系列文献提出大城市的优势体现为多样化的消费可能性。Waldfogel(2003)最先通过理论模型提出,随着市场规模的扩大,产品的多样性提升,消费者的消费倾向也会随之提高,并通过电台市场进行了验证。Schiff(2015)通过一个城市餐馆的多样性给上述理论提供了一个有趣的证据。类似的,人力资本外部性对城市生产力有外溢作用,对居住环境同样有促进作用,例如高受教育群体聚集的地方犯罪率会更低,民主意识更强。Shapiro(2006)就试图发现人力资本提升通过影响城市生活环境而促进增长。公共服务同样是城市生活质量的一个重要组成部分。

从 Tiebout(1956)开始,经济学家就发现人们为了更好的公共品而选择居住地,这种支付意愿进一步体现在房价上。在这一框架下,教育资源(Black,1999;Bayer et al.,2007;Zheng,2016;Chan et al.,2018)、交通便利度(Zheng et al.,2013;Li et al.,2016)、空气质量(Kahn,2010)、周边工业污染物排放情况(Bui and Mayer,2003;Oberholzer-Gee and Mitsunari,2006;Banzhaf and Walsh,2008;Gamper-Rabindran and Timmins,2013;Currie et al.,2015;Mastromonaco,2015)都是影响宜居性的因素,居民"用脚投票"进行迁移或者在房价上体现出对这类环境特征的支付意愿。

许多发展中国家的城市内部公共服务供给呈现明显的歧视性和不平等的特点,这导致同一个城市内部不同群体的福利存在差异。Feler and Henderson

（2011）研究发现巴西的城市为了阻止低收入群体的流入，政府拒绝为这些人群所居住的非正规住宅提供基本公共服务，如供水等，公共服务的限制使得这些社区的人口大幅下降，迁出的人口主要为低受教育群体。在我国，户籍绑定了一系列公共服务的享受权，不同城市对于不同户籍状态的居民福利影响也存在差异。大城市虽然集中了更多优质教育、医疗等公共服务，但落户门槛较高，流动人口落户难以平等地享受公共服务，随迁子女入学难[1]，缺乏住房保障导致只能居住于城中村集体宿舍[2]。然而在中小城市，落户政策较为宽松（王美艳和蔡昉，2008），农民工更容易享受市民化的待遇。杨曦（2017）研究发现，对于农民工而言，人口规模在 100 万—300 万之间的城市宜居性最高，人口规模在 1000 万以上的大城市对于他们而言宜居度低于全国平均水平；而对于城市人口而言，人口规模与宜居性呈现正相关。并且研究发现，农民工市民化发生在人口规模为 100 万—300 万的城市时，其福利变化的弹性最大，进一步说明中等偏大城市环境最适宜农民工定居生活。该文章对城市规模与农民工宜居性的研究结论，与本书第二章中空间均衡模型下计算得到的城市生活质量结果较为吻合，并且佐证了第三章户籍移民流向的合理性，即流动人口在沿海大城市工作一定时间后迁往中小城市落户定居谋求更高的生活质量。

第五节　人口迁移的动因

人口是经济发展一个决定性的因素，人口大量流失的城市经济会一蹶不振，而人口特别是年轻劳动力持续流入的城市会保持强劲的增长。虽然通常认为人口和地区经济增长是一个硬币的两面，人口向经济发达的地区集聚是

---

[1]　教育部数据显示，2010—2015 年间，我国义务教育在校生中留守儿童的人数均维持在 2000 万人以上。

[2]　世界银行 2014 年报告显示，我国有 1 亿流动人口由于不能享受城市住房保障而居住于城中村。

大势所趋。随着研究的推进,越来越多的文献发现了人口流动中追求生活质量的倾向,城市的消费属性越发成为人口选择目的地的重要因素。也因此,追求生活质量逐渐被提到一定高度,与工作机会一起成为影响人口流向的两个决定性因素。由此衍生出大量文献,讨论这两个因素在移民决策中的相对重要性,而这种讨论有极大的现实意义。因为厘清了微观个体迁移动因,一方面可以预测不同类型城市未来人口的数量和结构的走势(按照生活质量和商业环境的好坏,可以将所有城市分为四类,无论是美国还是中国两项皆优和皆差的城市占少数,大量城市都是其中一项指标具有比较优势);另一方面可以为城市吸引人口流入提供"药方"(城市应该致力于招商引资打造更好的商业环境,还是改善人居环境、扩大公共服务提供范围)。这些问题在我国人口增速放缓、地区间的人口此消彼长的背景下,意义更加凸显。

一、国外文献关于人口迁移动因的讨论

究竟是一个地区的经济活力吸引了人口流入,还是城市优质的生活质量吸引人们流入进而增加了地区就业?这两种机制在现实中经常互为因果,难以区分,两派观点一直你来我往,交锋激烈。下面遵循文献中的惯用定义,分别称以上两派观点为"生产型城市"和"消费型城市"。

Glaeser(2001)最先举起消费是城市核心吸引力的大旗。他在实证中发现,生活质量高的城市人口增长更快,城市的租金上涨速度超过工资,说明人们对于城市居住环境的需求越来越大,而收入对于人们选择地的相对影响在减弱。Glaeser and Gottlieb(2006)进一步提出,大城市的兴衰主要决定于城市是否能提供良好的生活质量而不取决于生产力水平。他给出的证据是2000年之后,人口规模越大的城市实际工资水平反而越低。这背后反映出,随着收入水平和受教育水平的提高,人们愿意为大城市更多元化的消费环境、安全的居住环境支付溢价。

Florida(2002a,2002b)进一步提出了"创新阶层"(creative class)的理论。

创新阶层是指科学家、工程师和艺术家等从事于创造性工作的劳动者,作者认为他们是城市增长的引擎。而品味多样化是这一阶层的重要特点。因此,能提供多样化消费的城市会吸引这个阶层的迁入,进而带来这类城市的经济繁荣和就业岗位增加。这个理论从另一个侧面支持了 Glaeser 提出的消费型城市的概念。

对于"创新阶层"理论的验证,Beckstead et al.(2008)利用 1980—2000 年间三次人口普查的混合截面数据,考察了地区科学家和工程师群体的就业增长,结果发现城市生活环境在就业变化中起到了核心的影响作用,气候和其他类型的环境差异与长期就业变化紧密相关。

同样针对"创新阶层"理论,Hansen and Niedomysl(2009)用瑞典微观调查数据进行了研究,却得到了相反的结论。文章发现"创新阶层"在进入大学和大学毕业后有两次明显的流动。大学所在地主要是大城市,即理论中提到的能满足居民多样化品味的城市,进入大学的流动行为符合"创新阶层"理论的预期,但是实证显示,在大学毕业之后他们纷纷回流到了能提供工作机会的小城市,因此最终决定他们迁移方向的还是工作机会。

类似的,Scott(2010)研究了工程师群体(考察了 1994—1999 年间工程师的迁移目的地)。结果发现,对于退休或接近退休的工程师,生活质量会对他们的移动产生一定的影响,但对于处于劳动年龄的工程师,工作机会是影响目的地选择的决定性因素。他进一步指出,无论是 Glaeser 的消费型城市的理论还是 Florida 的创新阶层的理论,都扩大了居住环境对于人口迁移方向的影响,因为这类文献的两个重要证据都存在严重的内生性问题。第一个是在社会环境方面,城市的消费多样性与就业增长存在正向关系,消费多样性恰恰就可能是地区就业增长带来的,因此存在严重的反向因果问题。第二个是在自然环境方面,美国人口从寒冷的北部(frost-belt)向温度更适宜的南方(sun belt)迁移的大趋势,并不一定是人们为了追求更好的生活环境,而仅仅是因为产业升级、北部制造业重镇衰落造成的。在生产型城市这一阵营里,Partridge(2003)运用了结构向量自回归模型进行分析,结果显示,长期来说,地区就业的波动主要是由劳动力需求变化导致的,劳动力供给冲击只能解释很小的一部分,这充分说明就业机会是人口流动的主导因素。

从以上文献可以看出,由于就业机会和人口流动两者相互交织,很难分清因果关系,争论两派对于人口迁移的动因,更多地从理念出发,提供相关佐证,但任何一方都难以给出一锤定音的结论。但与分清工作和生活在移民决策中孰轻孰重这个问题比较,了解不同群体在迁移上的异质性更有建设性意义。

Ferguson et al.(2007)通过研究加拿大 1991—2001 年社区层面的人口变化发现,在农村,经济条件是影响人口变化的主要因素,而在城市,经济和城市环境在人口变化中扮演同等重要的角色。Clark(1992)利用 1970—1980 年白人男性的移民数据发现,移民行为在生命周期上有明显的规律:对处于劳动年龄的个体来说,工作机会是决定他们迁移方向的决定性因素;而年长移民更关注迁入地的居住环境。Chen and Rosenthal(2008)进一步研究了不同类型移民行为的差异,在青年时,高受教育群体更倾向于流向工作机会更多的城市,以发挥他们的人力资本优势;而在临近退休年龄时,有配偶的人群会前往生活质量更好的城市,而单身群体则没有明显的流动趋势,说明婚姻状况影响对生活质量的享受。

二、国内文献关于我国人口迁移动因的讨论

对于我国的人口流向,段成荣和杨舸(2009)利用 1982 年以来的历次人口普查和抽样调查数据发现,人口的流动呈现明显的集中趋势,即人口越来越向东部沿海集中,极少数的城市吸引了绝大部分的人口流入。而东部沿海城市正是改革开放以来我国经济最具有活力的地区,从一个侧面说明我国的人口流动主要是经济因素驱动的。这也是学术界对我国近几十年来人口大规模流动的共识。如王桂新(1996)就提出,20 世纪 80 年代后半期随着经济体制的改革,我国人口的基本流向是从经济落后的地区迁往经济发达的地区;对于20 世纪 90 年代之后 20 年的趋势,王桂新等(2012)利用第五次和第六次人口普查数据研究发现,人口进一步从中西部欠发达地区向东部沿海几个大都市

圈迁移。王建国和李实(2015)发现农民工流向大城市是因为他们从大城市获得了更高的实际工资。基于空间均衡模型,赵方和袁超文(2017)利用2000年和2005年两次人口普查研究发现,城市间工资差异是决定我国劳动力迁移的主要因素。Liu and Shen(2014)采用2005年1%人口抽样调查数据应用区位选择模型分析发现,技能劳动力在流动决策时优先考虑工作机会与收入水平,而非生活质量水平等因素。

　　但随着我国人民收入水平的提高和生活水平的改善,人口流动时对于生活质量的关注也与日俱增,其中人们最关注的就是在我国供给相对短缺的医疗教育等公共服务。在我国,基本公共服务由地方财政负责支付,地区间经济发展程度迥异导致公共品供给水平差距很大。梁若冰和汤韵(2008)通过历年人口普查和抽样调查数据研究发现,2000年之前,地方公共支出的差异并不显著影响居民的迁移方向,而在2000年之后有显著影响。张丽等(2011)利用第四次人口普查和2005年1%人口抽样调查数据研究发现,我国省际人口迁移受到地方财政支出差异的显著影响,尤其受其中科教文卫等民生类财政支出的影响。夏怡然和陆铭(2015)同样采用了2005年1%人口抽样调查数据,利用条件logit模型研究了城市公共服务对劳动力流向的影响。他们的结果显示,基础教育和基础医疗等公共服务确实起到了吸引流动人口流入的作用,但是相对于工作机会来说处于次要地位。文献进一步发现,子女教育问题已经成为农民迁移的重要因素。Liu and Xing(2016)采用农村小学撤并作为自然实验,利用中国健康与营养调查(China Health and Nutrition Survey,CHNS)和2005年1%人口抽样调查数据研究发现,小学关停数量越多、去最近小学距离越远的地区,农民居民外迁的概率也越大。李超等(2018)利用各地农民工随迁子女政策改革作为自然实验,利用2010年和2012年国家卫计委流动人口动态监测数据研究发现,改革力度越大(表现为随迁子女入学门槛较低、升学限制较小以及开展异地高考试点)的城市越能吸引农民工流入,证明了流动人口为了教育而流动的迁移模式。

　　许多文献发现户籍制度是扭曲劳动力自由流动方向的重要力量。因为户口极大程度上决定了人们享受当地公共品和福利的权利,而这些都是城市生活质量的重要组成部分。因此,在生活质量和就业机会两个维度上考察人口迁移选择时,户口可能是导致与国外经验有差异的重要原因。李强(2003)指出,户籍制度限制了农民工在城市享受各项福利,使得他们降低了对城市生活的预期,即为了工作机会可以忍受较差的生活条件,但同时形成了不准备在城市长期居住的心理预期。在生命周期上表现为年轻时外出务工积累原始资本,达到一定年龄返乡务农或经商的模式。陶然和徐志刚(2005)发现,由于户籍制度下流动人口无法享受流入地的基本公共服务,使得他们虽然在城市就业,却不会选择长期定居,因此表现出单身化和短期化的迁移特点。而与此形成鲜明对比的是,在迁移之后获得了当地户籍的移民,他们可以享受与本地居民一样的公共服务,他们的迁移行为也与短期流动人口截然不同。如邓曲恒和古斯塔夫森(2007)在《中国的永久移民》一文中研究发现,"永久移民"主要居住在小城市以及中部地区,而短期流动人口大量涌入的是东南沿海特大城市。这从一个侧面说明,对于获得户籍的移民,工作机会不是驱使他们迁移的主要原因,甚至可能在此过程中为了户籍牺牲了工作机会,迁往了更容易落户的中小城市。

因此,本书将分析不同户籍类型对于人们迁移行为的影响,考察在生命周期上各类移民在工作和生活这两个目标之间的取舍权衡。初步结果显示,对于短期流动人口,追求工作机会确实是他们流动的主要原因,与此同时忍受了生活质量的下降,但随着年龄的增加,这种倾向逐渐减弱;而对于那些迁移后获得当地户籍的"永久移民",无论处于哪一年龄段,户籍的"含金量"都让他们甘愿在迁移时牺牲工作机会,并且在子女开始基础教育和本人接近退休年龄时,呈现明显福利导向的落户趋势,流入生活质量更高的城市。

第二章　中国城市的生活质量和商业环境

——基于空间均衡模型

第一节　中国特殊的劳动力流动模式

本章开始之前,援引一则故事①:

清华大学教授郑某家雇了一个保姆——付阿姨,她出生于河南省的一个小乡村,育有两个儿子,25岁时,与丈夫一起到北京打工赚钱,俩娃与爷爷奶奶一起留在农村。付阿姨夫妇在北京租了一间大概只有8平方米的小房子,位于距离郑教授家不远的城中村。为了寄钱回家供孩子上学、赡养父母,他们节省在京城的每一分开支。付阿姨说,在家乡的中青年人为了挣钱,几乎都在大城市打工,只有老人和孩子生活在村里。付阿姨虽然喜欢在充满活力的城市生活,并对自己未来的生活充满希望;但是,她抱怨,没有北京户口,不能让她和孩子享受北京的基本公共服务,这也正是两个孩子留守农村的原因。经过十年的努力工作,他们攒够了钱,在老家的一个三线城市购买了一套公寓。这样他们可以拥有当地的城市

---

① 引自[美]马修·卡恩、郑思齐:《中国绿色城市的崛起:经济增长与环境如何共赢》,中信出版集团2016年版,第54页。

户口,两个孩子可以在那个城市读小学与中学。

这则故事基本涵盖了本章拟表述的思想,大量中西部地区劳动力流入沿海城市工作(以下简称"非户籍流动人口"),在流入地——沿海大型城市无法获取当地户籍或享受公共产品均等化服务,除去必要的生活开支后节衣缩食,并盼望将来在流出地城市购买住房,以获得当地公共产品均等化服务的资格,将原先居住在农村的小孩与老人接到流出地的三、四线城市或县城居住,推动流出地城市的生活质量提升,缩小原先城乡巨大的公共服务差距。也就是说,流动人口在沿海城市虽然具有较多的工作机会和相对较高的工资收入,但是,他们没有在流入地城市购买住房的意愿。鉴于沿海地区城市流动人口已经构成常住人口份额的重要组成部分(东莞、深圳等城市甚至超过 75%),且常住人口增量的 90% 以上是由流动人口贡献的(范剑勇、莫家伟、张吉鹏,2015),无法享受公共产品均等化这一事实拉低了沿海地区整体的幸福感水平(这与下面所述的城市生活质量指数含义一致)。

将前述小故事放在工业化与城市化的背景下来看,自改革开放以来,飞速发展的中国经济主要源于不断取得进展的工业化与城市化。后者的一个重要体现是劳动力可以不断地从广大农村区域涌向城市,成就了人类历史上迄今为止最为波澜壮阔的迁移史。据不完全统计,2018 年约有 2.41 亿流动人口,占总人口的 17.3%左右①。其对经济增长的机制是,劳动力从效率低下的农村农业部门向相对效率较高的城市现代部门转移,推升经济增长效率。这背后需要的一个关键问题是,对于劳动力个体而言,其迁移的决策机制是什么?本章通过构造衡量城市的商业环境与生活质量两个指标(分别为 Quality of the Business Environment,Quality of Life,以下简称 Q_B、Q_L)为其提供研究基础。需要指出的是,本书中的生活质量指数不同于国内文献采用指标体系进

① 国家统计局:《2018 年国民经济和社会发展统计公报》,见 http://www.stats.gov.cn/tjsj/zxfb/201902/t20190228_1651265.html。流动人口是指人户分离人口中扣除市辖区内人户分离的人口。市辖区内人户分离的人口是指一个直辖市或地级市所辖区内和区与区之间,居住地和户口登记地不在同一乡镇街道的人口。

行衡量的方法(倪鹏飞,2016;赵家章等,2017),而是沿用国外系列文献中的方法与名称(Rosen,1979;Roback,1982;Blomquist et al.,1988;Gyourko and Tracy,1991;Gabriel and Rosenthal,2004;Chen and Rosenthal,2008;Albouy,2016)。从国内外度量方法的异同点来看,两者均是度量居民的主观满意度或幸福感程度,差别在于国外方法是基于所有个体在开放的城市体系中的保留效用是一致的这一前提假设下推导出的计算公式,具有间接性、客观性等特点。同时,从流动人口角度讲,生活质量更侧重于公共产品均等化的可获得性。

　　从城市商业环境与生活质量指数的文献溯源看,多数文献主要侧重于城市生活质量的测度与排序。例如,Rosen(1979)、Roback(1982)、Blomquist et al.(1988)、Gyourko and Tracy(1991)主要进行城市生活质量的计算。Gabriel and Rosenthal(2004)开始同时测度城市生活质量与商业环境指数,主要的结论是1977—1995年期间美国37个城市的商业环境与生活质量指数并不是同步的,即企业与家庭不会同时喜欢同一个城市,对家庭有吸引力的城市,对于企业而言,并不一定有吸引力。为什么将企业与家庭放在同一个框架下测度城市商业环境与生活质量? 其原理如下:企业与家庭的目标函数是不一样的,分别是利润最大化与效用最大化。商业环境指数的改变意味着企业雇佣劳动力与购买土地的成本将发生变化,即对劳动力需求和土地需求发生变化;生活质量指数的改变,直接影响劳动力的供给曲线和房地产市场的需求曲线。生活质量指数与商业环境指数背后实际上反映的是在开放城市体系中最终达成的土地价格与劳动力价格的均衡水平。因此,通过考察土地价格与劳动力成本,可以间接测算各个城市的生活质量指数与商业环境指数。Chen and Rosenthal(2008)延续了Gabriel and Rosenthal(2004)的研究方法,对1970—2000年美国346个城市的人口迁移进行了研究,发现企业喜欢有活力的、处于不断成长中的、有集聚效应的城市,家庭喜欢气候温和、环境适宜的沿海城市或其他非都市化区域;同时,他们还从人力资本角度对流动人口进行分类,发现高人力资本的家庭倾向于流向商业环境好的城市,接近退休年龄的家庭倾向于流向生活质量高的城市,并从商业环境佳的城市流出。因此,Chen and

Rosenthal(2008)与 Gabriel and Rosenthal(2004)的结论基本一致,即城市商业环境与生活质量并不是同步的,甚至在一定程度上发生背离,即家庭迁移的空间选择须在生活质量和商业环境中进行权衡,同时人力资本不同或处于不同生命周期的劳动力在空间流动的取向上也是不同的。例如,Chen and Rosenthal(2008)计算得到的美国城市间的商业环境与生活质量指数相关系数介于-0.24至 0.14 之间,且不显著;Gabriel and Rosenthal(2004)得到的相关系数为 0.05。那么中国的城市生活质量和商业环境是同步的还是背离的? 劳动力流动的空间决策是否存在中国特色的机制? 这一问题由第三章内容进行解答。

本书研究发现,对于 2000 年商业环境指数而言,其主要的构成要素是劳动力成本,沿海城市的就业机会充足、工资收入水平相对于中西部城市而言较高,持续吸引了中西部城市的劳动力流入。另外,限于户籍制度,流动人口无法完全享受流入地公共产品均等化的机会,因此其赚取的工资收入寄回原流出地城市,通过购买房产等途径获取公共产品服务的资格,在一定程度上抬高了流出地城市的房价,房价相对于工资水平更高体现为生活质量指数更高。这是一条潜在的、可行的实现公共产品均等化的渐进道路。同时,由于迁移行为的短期性,在流入地城市,相应的工资收入没有转化为房地产市场的有效需求,使得流入地房价相对于工资较低(体现为生活质量指数较低)。鉴于流动人口在工作与置业上的空间分离机制的存在,中国城市的商业环境指数与生活质量指数呈现显著的负相关关系,达到-0.85。

为什么仅仅用房价与工资水平就能够间接衡量一个城市的商业环境与生活质量? 前已所述,这一方法直接取自 Chen and Rosenthal(2008)与 Gabriel and Rosenthal(2004),其前提是空间均衡条件,也就是说,充分流动的劳动力与企业无论在哪个城市,其获得的效用与利润率都是无差异的。那么,这一前提假定是否在中国成立? 对于这一问题,此处将提供如下证据:其一,Chauvin et al.(2017)专门以美国为基准探讨了空间均衡条件是否在中国、巴西、印度等发展中国家适用的问题。从理论上讲,劳动力不流动将被认为是空间均衡不成立的信号;在现实中,流动性是肯定存在的,但都是不完全的;他们发现,

2010 年美国流动人口占总人口的比例也仅为 13.8%，中国达到 12.8%，在 2016 年中国这一比例达到 17.2%，因此，如果认为美国是适用于空间均衡条件的，那么，这一条件也足以适用于中国。其二，空间均衡条件的原义是，在开放的城市体系中，劳动力市场与土地市场同时实现均衡。城市的房价综合反映了生产力水平（通常用工资表示）溢价与城市生活质量的溢价（从居民的生活质量角度考察），也反映了企业在购买不可流动要素——土地的支出成本（从企业成本支出角度考察），如果劳动力市场、土地市场以市场价格为指挥棒在起配置资源作用，那么，土地价格与劳动力价格也会逐渐反映其长期均衡的价格水平，进而使得用土地价格与劳动力价格计算得到的城市生活质量与企业商业环境指数反映了均衡时刻的价格水平或至少向均衡水平靠拢（郑思齐等，2011）。在中国，户籍制度改革使得户口对劳动力转移的约束已经很少，在部分沿海城市外来流动人口甚至占据常住人口的一半以上（如东莞、深圳等城市），从 2015 年开始许多城市实现流动人口入户的零门槛（如贵阳等省会城市）；始于 1998 年福利分房制度的废止和土地市场的建立，土地价格也已逐渐反映市场的供求关系、城市生活质量、商业环境状况等特征。因此，已经形成的劳动力市场、土地市场正逐步反映其均衡水平，或正向均衡水平迈进与动态调整。总结起来，鉴于中国流动人口在城市常住人口的比重不断提高，城市流动人口与户籍人口数量的平均比例已接近于 1∶2.2 等事实，本书将有无获得户口仅仅视作为流动人口的异质性特征，而不视作为空间均衡条件是否适用于中国的前提条件。也就是说，尽管流动人口不能享受完全的公共产品均等化服务（其实自 2015 年开始，这一状况已经大为改善），但是，这并不阻碍劳动力的跨区域流动，也不阻碍空间均衡条件在中国的适用性；而且，恰恰正是这一异质性的特征，催生了中国特色的劳动力迁移机制。

　　如前所述，本书依照 Chen and Rosenthal（2008）与 Gabriel and Rosenthal（2004）的方法，分别计算全国 258 个地级及以上城市的商业环境与生活质量指数，并置于 4 个象限进行考察（见图 2-1）。可以发现，绝大多数沿海城市位于第二象限（生活质量指数相对较低，商业环境指数较高），多数中西部城市位于第四象限(生活质量指数相对较高,商业环境指数较低),结合非户籍流动人口从第四象限城市流入到第二象限城市等事实,这意味着具有集聚效应、充满经济活力和工作机会的城市位于第二象限,但其生活质量指数较低;相反,第四象限的城市在工作机会、活力上相对欠缺,但其生活质量指数较高。从相关系数上看,生活质量指数与商业环境指数呈现出 -0.85 的相关关系。自然需要问的是,这背后的机制是什么? 从前述的已有文献来看,劳动力流动的主要目的是在商业环境与生活质量之间进行选择,非户籍流动人口选择沿海地区就业无疑是为了追求更高的经济收入。同时,为什么第四象限的中西部城市的生活质量水平高于其他象限城市? 本章开头的小故事启示我们,多

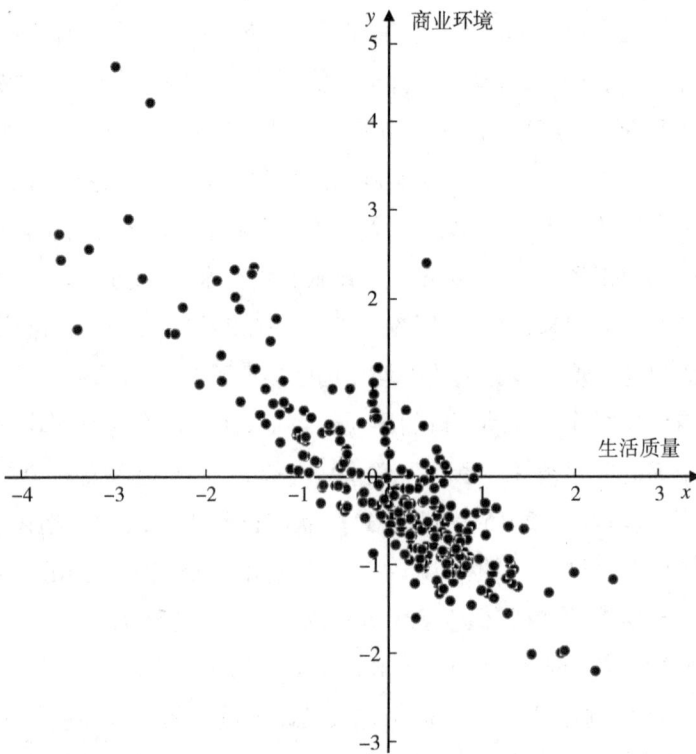

图 2-1　2000 年全国 258 个城市商业环境与生活质量指数分布

数流动人口在赚取工资收入后,除去必不可少的消费开支后,将其积蓄寄回流出地城市进行消费或购房,这抬高了流出地城市的生活质量指数。这是本章需要阐述的工作与置业在空间上分离的、具有中国特色的劳动力流动机制,也是本书的主要贡献与发现。

在同样关注城市生活质量的文献中,与本书有交集的是郑思齐等(2011、2012)。他们在2011年的文章中应用84个城市入户调查数据(UHS,1998、2004),基于城市间人口的流动使得城市住房租金逐渐向长期均衡水平收敛等理论基础,发现城市住房成本与城市正向宜居性特征(人均绿化面积等)呈现正相关关系,与负向宜居性特征(如二氧化硫排放等)呈现负相关关系。他们同时发现考察期间的房价偏离均衡水平,但正以每年10%的速度向均衡水平收敛。这支持了本书应用空间均衡条件计算城市生活质量与商业环境指数的方法。郑思齐等(2012)从户口对人们居住区位质量(即区位生活质量)选择的影响出发,发现北京市严格的户口门槛降低了非户籍流动人口对区位质量(即生活质量)的支付意愿,也降低了非户籍流动人口对人力资本的投资意愿。这一发现也支持了本章对于生活质量指数成因的猜想。

第二节 城市生活质量和商业环境指标的
理论框架与实证策略

一、生活质量和商业环境指数计算公式的理论框架

在这一部分将通过简单的模型推导得到城市生活质量和商业环境的计算公式。生活质量指标计算思想沿袭城市经济学领域的经典方法(Rosen,1979;Roback,1982;Blomquist et al.,1988;Gyourko and Tracy,1991;Albouy,2012),Gabriel and Rosenthal(2004)将该思想拓展到计算城市商业环境。

假设有一系列城市,记第 j 个城市的工资和房租分别为 w^j 和 r^j。w^j 和 r^j 分别代表控制劳动力个体特征后的城市工资和控制房屋特征后的同质住房价

格。遵循经典文献的惯例,将厂商的地租也都记为 r^j（指标计算时将对此作进一步讨论）,居民和厂商可以在城市间自由流动,没有迁移成本。

首先考察生活在 j 城市的家庭,假设其总收入 m^j 由两部分组成:由所在城市决定的工资收入 w^j 和与居住地无关的财产性收入 I。每个家庭提供一单位劳动,则 $m^j = w^j + I$。所有家庭的偏好一致,效用函数为 $U(\boldsymbol{y}, Q_L^j)$,其中 $\boldsymbol{y}$ 是包括住房在内的各种商品消费量的向量,Q_L^j 是第 j 个城市的生活质量。在给定效用 u 的情况下,家庭净支出最小化问题可以写成以下形式:

$$E(\boldsymbol{p}^j, w^j, u; Q_L^j) = \min_{\boldsymbol{y}} \{\boldsymbol{p}^j \cdot \boldsymbol{y} - w^j - I : U(\boldsymbol{y}, Q_L^j) \geqslant u\} \qquad (2\text{-}1)$$

其中 $\boldsymbol{p}^j$ 为与 $\boldsymbol{y}$ 对应的消费品价格向量,假设除住房外的其他商品价格在城市间是一致的。简化起见,假设效用最大化时,支出函数值为 0,即家庭将所有收入用于消费,故总收入和支出相等,不作区别。由于家庭可以在城市间自由流动,达到空间均衡状态时,在任何一个城市居住给家庭带来的效用是一样的,记为 $\bar{u}$。故均衡条件下净支出为:

$$E(\boldsymbol{p}^j, w^j, \bar{u}; Q_L^j) = 0$$

对上式在全国平均的 $\bar{r}$、$\bar{w}$ 和 $\bar{Q}_L$ 处进行全微分,可以得到:

$$\frac{\partial E}{\partial r} dr^j + \frac{\partial E}{\partial w} dw^j + \frac{\partial E}{\partial Q_L} dQ_L^j = 0$$

其中 dr^j、dw^j、dQ_L^j 分别为第 j 个城市各变量与全国平均水平之差。根据谢泼德引理有:

$$H \cdot dr^j - dw^j = p_Q \cdot dQ_L^j$$

其中 H 为家庭的住宅面积,$p_{Q_L} \equiv -\dfrac{\partial E}{\partial Q_L}$,是家庭对城市生活质量的边际支付意愿(marginal willingness-to-pay),也可以看成是生活质量的隐性价格。对上式两边同时除以全国平均家庭收入 $\bar{m}$,并作如下变形:

$$\frac{H \times \bar{r}}{\bar{m}} \cdot \frac{dr^j}{\bar{r}} - \frac{\bar{w}}{\bar{m}} \cdot \frac{dw^j}{\bar{w}} = p_Q \cdot \frac{dQ_L^j}{\bar{m}}$$

其中 $\dfrac{H \times \bar{r}}{\bar{m}}$ 为住房支出在总收入中占比,将其记为 s_H;$\dfrac{\bar{w}}{\bar{m}}$ 为工资收入在

总收入中占比,将其记为 s_w;$\dfrac{d\,r^j}{\bar{r}} \cong \dfrac{r^j - \bar{r}}{\bar{r}}$、$d\,w^j / \bar{w} \cong \dfrac{w^j - \bar{w}}{\bar{w}}$ 分别代表第 j 个

城市房价和工资的相对水平,将它们分别记为 $\hat{r}^j$ 和 $\hat{w}^j$。稍作整理可得城市生

活质量指数的计算公式:

$$\hat{Q}_L^j = s_H \hat{r}^j - s_w \hat{w}^j \qquad (2\text{-}2)$$

城市生活质量指数为 $\hat{Q}_L^j \equiv -\dfrac{\partial E}{\partial Q_L} \cdot d\,Q_L^j / \bar{m}$。其中 $-\dfrac{\partial E}{\partial Q_L} \cdot d\,Q_L^j$ 可以理解

为:相对于全国平均生活质量水平的城市,居民愿意为生活在 j 城市支付的溢

价(如果是负值,则表示需要得到的补偿),溢价越高说明其城市生活质量越

高。因此,$\hat{Q}_L^j$ 代表了为城市生活质量支付的溢价与全国平均家庭收入的比

值。公式背后的含义是,如果一个城市的环境越受青睐,例如自然环境宜人、

文化氛围浓厚或者公共服务质量高,那么人们愿意为居住在此支付更高的居

住成本或者忍受相对较低的工资水平。房价高出工资的部分即为居民对生活

质量的支付意愿。这两部分根据其在总收入中的影响大小,还要分别乘以相

应的权重 s_H 和 s_w。

相应的思想运用到厂商选址决策上。对于厂商来说,单位产品的成本最

小化问题如下:

$$c(w^j, r^j, \bar{i}; Q_B^j) \equiv \min_{L,R,K} \{w^j L + r^j R + \bar{i}K; Q_B^j F(L,R,K) = 1\} \qquad (2\text{-}3)$$

其中 $\bar{i}$ 是全国统一的利率,L、R 和 K 分别是生产所需的劳动力、土地和资

本。城市的商业环境 Q_B^j,代表城市 j 能提高生产效率的一切有利条件,如便

利的交通路网、充裕的人才市场、完善的上下游产业以及集聚带来的知识外溢

等。假设规模报酬不变,将生产函数设定为 $Q_B^j F(L,R,K)$。为了进一步简

化,记 $c(r,w,i) \equiv c(r,w,i;1)$,则 $c(w^j, r^j, \bar{i}; Q_B^j) = c(w^j, r^j, \bar{i}) / Q_B^j$。厂商生

产的产品为可贸易品,假设不考虑运输成本,城市间商品价格是无差异的,设

单位产品价格为 1,根据完全竞争市场的零利润条件有:

$$\frac{c(w^j, r^j, \bar{i})}{Q_B^j} = 1$$

对上式在全国平均的 $\bar{r}$、$\bar{w}$ 和 $\bar{Q}_L$ 处进行全微分，可以得到：

$$\frac{\partial c}{\partial r} d\,r^j + \frac{\partial c}{\partial w} d\,w^j = d\,Q_B^j$$

$d\,r^j$、$d\,w^j$、$d\,Q_B^j$ 同样表示第 j 个城市各变量与全国平均水平之差。根据谢泼德引理，$\frac{\partial c}{\partial r} = L^*$，$\frac{\partial c}{\partial w} = N^*$，$L^*$ 和 N^* 为成本最小化时单位产品的土地和劳动力投入量。对式子进行如下变形：

$$(L^* \times \bar{r}) \frac{d\,r^j}{\bar{r}} + (N^* \times \bar{w}) \frac{d\,w^j}{\bar{w}} = d\,Q_B^j$$

其中 $L^* \times \bar{r}$ 为全国平均的单位产品用地成本，在单位产品成本为 1 的假设下，该值即表示平均土地成本占比，记为 θ_R，类似的，$N^* \times \bar{w}$ 则为全国平均劳动力成本占比，记为 θ_L。这样就得到了城市商业环境指数的计算公式：

$$\hat{Q}_B^j = \theta_R \hat{r}^j + \theta_L \hat{w}^j \tag{2-4}$$

其中 $\hat{r}^j$ 和 $\hat{w}^j$ 的定义与上文一致，分别代表第 j 个城市房价和工资的相对水平；$\hat{Q}_B^j = Q_B^j - \bar{Q}_B$，为城市商业环境指数。商业环境指数计算公式背后的逻辑是，如果一个城市的环境有利于企业提高生产效率，那么在空间均衡时，城市给企业带来的超额利润将转化为当地更高的劳动力成本和地租成本，抵消城市间企业利润率的差异，因此城市的商业环境在城市工资和地价上得到了资本化体现。类似的，工资和地租在商业环境指标中的权重依赖于 θ_L、θ_R 两个参数。

二、参数选取及敏感性测试

以上是从微观行为人角度推导出的城市生活质量（Q_L）和商业环境（Q_B）的计算公式（2-2、2-4），其中需要估计的参数为 s_w、s_H、θ_L 和 θ_R。本书选用的参数数值见表 2-1。

表 2-1　计算指标的参数选取

待定参数	含义	选用数值
s_w	工资收入比	0.72
s_H	住房支出比	0.30
θ_L	企业劳动力成本占比	0.50
θ_R	企业用地成本占比	0.05

生活质量指数涉及两个参数。首先是工资在家庭总收入中的占比,该比值通过《中国统计年鉴》中的"城镇居民家庭基本情况"相关数据直接计算得到。另一个是住房支出占比,其估算相对比较复杂。住房支出,对于租房家庭来说是租金,对于自有住房家庭来说即为住房的虚拟支出。按照我国目前的统计制度,住户调查中的居民消费支出和居住支出不含自有住房虚拟房租,是个狭义口径。如《中国统计年鉴》中的居住消费主要包括水电燃气费、取暖费、租房房租、物业管理费以及装修材料费等支出费用,不包括购建房支出和自有住房的虚拟房租。国民收入核算中的居住支出包含了自有住房虚拟房租,这是一个广义口径①。根据《中国统计年鉴 2010》中核算资料计算,2009 年城镇居民含自有住房虚拟房租的月户均居住支出为 636 元,结合 2009 年的人均可支配收入和平均家庭规模,估算出的家庭中住房支出占总收入之比为 30%。康志远(2014)研究发现我国居住消费率较为稳定②,故本书选取 30% 作为 2000 年住房支出占比的估算值具有合理性。Xing and Zhang(2017)利用 2005 年人口抽样调查微观数据计算得到流动人口的房租收入比为 28%,王建国和李实(2015)根据 2011 年和 2012 年流动人口监测数据计算得到农民工住房支出在总消费中占比为 23%,均与本书的参数比较接近。但另一些文献对该参数的估计

---

①　由于国内房屋租赁市场发展程度不高,准确的租金数据不易获得,在实际统计核算工作中,居民自有住房的"虚拟租金"是按建筑成本折旧来估算的。统计部门通常按城镇房屋建筑成本的 2% 折旧,农村按建筑成本的 3% 来计算虚拟租金水平。

②　康志远(2014)利用成本法估算得出 2004—2011 年的居住消费率最大值和最小值之差不超过 10%。

相对较小,如许宪春等(2012)利用北上广深的调查数据计算得到的房屋消费支出占家庭支出的比例为17%,Murray and Sun(2017)利用中国健康与营养调查(CHNS)数据计算得到2000年我国租金收入比的中位数为16%,Chauvin et al.(2017)利用2005年人口抽样调查微观数据计算得到房租在收入中占比为10%。

表2-2 住房支出占比:本书与文献的对比

文献	住房支出占比	数据来源
本书	30%	《中国统计年鉴2010》核算资料
Xing and Zhang(2017)	28%	2005年人口抽样调查微观数据
王建国和李实(2015)	23%	2011年和2012年流动人口监测数据
许宪春等(2012)	17%	北上广深调查数据
Murray and Sun(2017)	16%	2000年中国健康与营养调查数据
Chauvin et al.(2017)	10%	2005年人口抽样调查微观数据

在敏感性测试中,本书采用50%和10%作为住房支出占比的上下限,进行生活质量指数的参数敏感性测试,其结果与原指数的相关性达0.931和0.945(见表2-3),参数在合理区间内变化不会影响城市相对排名。[①]

商业环境指数的计算同样涉及两个参数。首先是企业劳动力成本占比,有

———————

① 以下探讨房价收入比采用全国统一参数而非为各城市设定不同参数的合理性。本书利用2005年人口抽样调查的数据针对租房家庭考察了各城市房租支出比的情况。删除家庭样本数少于80的城市后,剩余的203个城市房租收入比中位数的分布呈现正态形状。多数城市的房租收入比在0.08—0.15之间。与我国情况类似,Davis and Ortalo-Magné(2011)研究发现美国的住房收入比跨时跨地区均保持相对一致。基于住房支出比为0.1上,本书计算了城市生活质量指数,发现其与城市商业环境指数的负相关系数达到-0.97;如果住房支出比取0.3的话,两者的负相关系数为-0.85。这意味着,流动人口在沿海城市更加节衣缩食,减小开支,以备将来在流出地城市购房或其他消费,进而在整体上降低了沿海城市的生活质量指数、相对抬高流出地城市的生活质量指数。此外,人们普遍认为沿海城市购房压力大,因此房价收入比要高于内陆城市,两类城市在房价收入比上是否存在明显差异? 这一差异是否是导致沿海城市生活质量指数较低而内陆城市生活质量指数较高的原因? 本书利用2005年人口抽样调查的数据的研究发现,房价水平和房价收入比在城市间的相关性系数仅为0.132,房价收入比高的城市并非都为高房价城市,例如,2005年人口微观调查数据统计得到房价收入比中位数最高的10个城市分别为:聊城市、深圳市、芜湖市、长沙市、呼伦贝尔市、西宁市、河源市、昭通市、茂名市和呼和浩特市。

大量要素分配领域的文献对此进行了测算。罗长远和张军(2009)发现1995—2003年间劳动报酬占 GDP 的份额从 51.4%下降到 41.6%,因此 2000 年对应的水平应在此区间内。白重恩和钱震杰(2009)分行业测算了历年劳动收入份额,单看 1995 年和 2002 年两年,除了农业外,建筑业劳动收入占比较高,在 68%左右,工业和第三产业该比值基本处于 46%—50%之间。吕冰洋和郭庆旺(2012)测算结果显示,2000 年的劳动收入占比在 50%左右。故本书选择 0.5 作为劳动收入占比。其次是企业用地成本占比的估计。由于地方政府为了招商引资,普遍存在低价出让工业用地的情况,土地租金支出(因为是增加值的概念)在企业总成本中占比较小。国务院于 2006 年规定工业用地必须通过招拍挂方式出让,在此之前,工业用地主要是通过协议出让,相关的估计材料较少。考虑到资本要素分配在 2000 年大致为 30%,本书设定用地成本占比为 5%。此外,分别采用 20%和 1%作为该比值的上下限分别进行敏感性测试,计算所得的指数与原指数的相关性分别为 0.982 和 0.991(见表 2-3)。由此可见,虽然企业用地成本占比难以获得准确的估计,但是参数选择对于城市商业环境的排名影响很小①。

表 2-3　生活质量和商业环境指数的参数敏感性测试

住房支出比	与原生活质量指数的相关性	企业用地成本占比	与原商业环境指数的相关性
0.50	0.931	0.20	0.982
0.10	0.945	0.01	0.991

三、估计城市工资和房价的实证策略

计算两项指标需要分别控制劳动力特征和住房特征后城市相对工资和房价数据。经典文献的通用做法是在个人工资方程和住房特征价格方程中分别控制劳动力和住房的个体特征,得到每个城市的残差,这些残差可以认为是仅

————————

①　本书在敏感性测试中利用参数极端值计算得到的两项指数替代原指数重复了基准回归,发现回归结果依然稳健,具体结果可向作者索取。

由城市特征带来的工资和房价差异,将它们作为指标计算中城市相对工资和相对房价的数据。但由于第五次人口普查未调查工资和准确的房屋市场价值(租金)的信息,并且 2000 年我国缺乏覆盖所有地级市的个体工资和住房数据库,在这样的数据限制下,本书参考 Hsieh and Moretti(2015)的方法,采用城市层面的工资和房价①数据并进行相应调整进行替代。工资数据来自《中国城市统计年鉴 2001》中的市区在岗职工平均工资,房价数据由《中国区域经济统计年鉴 2001》中的商品房屋销售额和销售面积计算得到。考察范围限定在全国除西藏外的 258 个地级及以上城市。

如果地区间劳动力和住房特征存在明显差异,那么直接利用城市层面的工资和房价数据进行计算将引起结果的偏误。例如,北京、上海等大城市劳动力人均受教育水平高,相对较高的工资水平很可能归因于个体的受教育程度,而非仅仅是城市因素导致的。同样,对于房价来说,大城市的高房价很可能归因于更好的房屋质量或更完善的屋内设施,不仅仅反映城市环境特征。因此必须控制各地劳动力和住房特征的结构性差异。本书参考 Hsieh and Moretti(2015)的方法,首先利用 2000 年覆盖部分地区的工资和住房信息的微观数据库,通过回归分别估计劳动力个体特征对工资的影响系数和房屋特征对房价的影响系数;其次利用人口普查数据统计城市劳动力和住房的平均特征,最后将两者相结合,得到控制劳动力特征差异后的城市工资以及控制房屋特征差异后的城市房价,这一调整后的工资和房价类似经典文献中城市残差,反映的是城市特征而非个体特征导致的房价和工资差异。具体

---

① 生活质量模型中构成居民居住成本对应的是租金的概念,实际计算中用城市价值即房价水平进行替代。这样处理的前提是两者呈现高度正相关性。理论上,房价是租金的资本化,然而随着近十几年来我国众多城市房价节节攀升,房屋具备了极强的投资属性,房价上涨速度超过租金,两者涨幅之间出现明显"剪刀差"(文献也将这部分视为"房价泡沫"),并且租售比在城市间也有很大差异。这些都说明利用房价代替房屋租金可能会产生偏误。但是,我国房价快速上涨始于 2003 年,本书考察的 2000 年全国房地产市场尚处于平稳发展期,泡沫程度不高。高波等(2013)考察了 1998—2010 年全国 35 个大中城市房价和租金的走势,发现 2003 年以前,两者走势基本一致,2003 年以后方才呈现出"剪刀差"趋势。因此对于 2000 年使用房价替代居住成本或者说租金水平的做法是合理的。

来说,控制后的城市工资水平和房价水平定义为 $Y_j \times \prod_{k=1}^{K} (1 - (x_{jk} - \bar{x_k}) \times \beta_k)$,其中 Y_j 是城市 j 平均工资或房价,x_{jk} 为城市 j 第 k 项劳动力或者房价的特征值(如劳动力平均年龄、开通自来水的住房比例),$\bar{x_k}$ 为该特征的全国平均值,β_k 是通过微观个体和住房回归得到的第 k 项特征 x_k 对 ln(工资)或 ln(房价)的回归系数,即每单位 x_k 变化将引起工资或房价变化的比例。因此 $(x_{jk} - \bar{x_k}) \times \beta_k$ 表示由于城市劳动力结构或者住房特征偏离全国平均水平而导致的工资或房价差异的比例,$Y_j \times (1 - (x_{jk} - \bar{x_k}) \times \beta_k)$ 则是从城市价格中剔除这部分差异的影响后的城市工资或房价,剔除所有特征差异后的价格水平即为

$$Y_j \times \prod_{k=1}^{K} (1 - (x_{jk} - \bar{x_k}) \times \beta_k)$$ 。下面将具体介绍工资和房价的数据处理过程。

1. 根据城市间劳动力结构差异调整城市工资

第一步,利用微观数据估计个体特征对工资影响的系数。城市住户收入抽样调查(CHIP)(1999)是在 2000 年附近最合适的劳动力微观数据库,其调查时间为 2000 年春。它覆盖了我国东中西部 6 个省(直辖市)①的 13 个城市。其样本来源于国家统计局的大样本,采用随机抽样的方法,同时兼顾地区的代表性、城市规模和产业分布等因素,具有很强的代表性。将样本进一步限制为有工作且工资收入不为零的个体。职工工资收入的对数为被解释变量,个体特征控制变量包括:年龄,年龄的平方,性别,是否为大学(指大专及以上)程度,是否为高中(含中专)程度。为控制城市对个体工资的影响,回归中控制城市固定效应。结果如表 2-4 所示。

表 2-4　个体特征对 ln(工资)的影响系数

被解释变量:ln(工资)	
年龄	0.063*** (0.006)

① 北京、辽宁、江苏、河南、四川和甘肃。

被解释变量:ln(工资)	
年龄的平方	$-6.2e-04^{***}$ $(7.92e-05)$
性别	0.153^{***} (0.016)
大专及以上程度	0.522^{***} (0.020)
高中(含中专)程度	0.204^{***} (0.020)
常数	7.047^{***} (0.121)
城市固定效应	是
观察值	5320
R-squared	0.270

注:***、**、*分别表示在1%、5%、10%水平上显著,括号中是系数的标准误。

第二步,利用人口普查的微观抽样数据,统计每个城市劳动力[1]的平均年龄、性别比、大专及以上人口占比、高中(含中专)以上人口占比,同时统计各项特征的全国平均值。

最后,根据前两步得到的结果和前文介绍的方法对《中国城市统计年鉴》中的城市工资水平进行相应的调整。

2.根据城市间房屋特征结构差异调整城市房价

第一步,通过全国部分地区的微观住房价格数据库估计各项房屋特征对房价的影响系数。2000年中国健康与营养调查(CHNS)提供了房屋特征以及租金(对于租房者)和自估虚拟租金(对于非租房者)信息。该调查覆盖我国沿海、中部和西部9个省(自治区)[2],具有较好的代表性。进一步对该数据进行清洗,删除存在缺失和极端值的观测值。将房屋特征对单位面积租金(或

---

① 定义为15—65岁有工作的人群,是否有工作定义为2000年10月25—31日间是否从事一个小时以上有收入的工作。

② 辽宁、江苏、山东、黑龙江、湖南、湖北、贵州、广西和河南。

自估虚拟租金)的对数进行回归同时控制城市固定效应。其中房屋特征包括房龄、是否开通自来水、房间个数、厕所类型(是否为独立冲水式)。各项特征的回归系数如表2-5所示。

表2-5　房屋特征对 ln(单位面积租金)的回归系数

被解释变量:ln(单位面积租金)	
房龄	-0.009** (0.004)
是否开通自来水	0.340*** (0.099)
房间个数	-0.045*** (0.014)
厕所类型	0.634*** (0.086)
常数	0.272** (0.111)
城市固定效应	是
观察值	788
R-squared	0.451

注:***、**、* 分别表示在1%、5%、10%水平上显著,括号中是系数的标准误。

第二步,利用人口普查微观数据统计每个城市以上几项住房特征平均值以及全国平均值。

最后,利用以上两步的结果和前文介绍的方法对《中国区域经济统计年鉴》中计算得到的城市房价进行调整,最终获得控制住房特征差异后的城市房价水平。

第三节　中国城市的生活质量和商业环境

一、我国城市生活质量和商业环境的相关性

利用数据根据以上方法进行计算,并将两项指标的计算结果进行标准化,

便得到我国 2000 年城市生活质量和商业环境数值,其描述性统计见表 2-6。图 2-1 采用两项指数作为横纵坐标,显示了我国所有城市的两项指数分布情况。从图中可以发现我国城市生活质量和商业环境呈现明显的负相关,两者相关系数为-0.85,在 1%水平上显著。

表 2-6　2000 年全国城市生活质量和商业环境指标描述性统计

指标	样本量	平均值	标准差	最小值	最大值	相关系数
生活质量	258	0.034	1	-3.575	2.411	-0.85***
商业环境	258	-0.147	1	-2.184	4.621	

注: ***、**、* 分别表示相关系数在 1%、5%、10%水平上显著。

从表面上看,生活质量指数是房价和工资加权之后的差,商业环境指数是两者加权之和,如果工资在计算中占绝对主导地位,那么两者的负相关关系只是由公式导致的简单数学推导产生的结果。但实际上,两项指标强烈的负相关关系不是由指标公式构成导致的,而是由我国城市间工资和房价分布的特点决定的。首先,利用类似的方法计算得到的美国 1970—2000 年间每个普查年份的城市生活质量和商业环境指数,两者相关系数介于-0.24 到 0.13 之间(Chen and Rosenthal,2008),且不呈现显著的相关性。其次,相比于此类研究中其他文献,本书选取的参数赋予了工资相对更低的权重,因此仅由参数应该更难得到两项指数负相关的结果。

具体来说,由于城市工资和房价一般呈较强的正相关,商业环境指标的测算对于工资和房价相对权重大小的敏感度不高。但是,对于生活质量指数的计算,工资的权重相对于房价权重的比值(s_w / s_H)大小将产生较为重要的影响,该比值越大,越容易由参数直接导致两项指数的负相关[①]。Albouy

———————

[①] 工资的权重相对于房价权重的比值越高在本书中的经济学含义是,流动人口在沿海城市就地消费比例越低(主要是住房消费),进而更易使其节省下来的工资收入部分回流至流出地城市,以便在流出地城市购买住房,以获得小孩的义务教育资格或老人的医疗、养老等公共服务产品,这一行为最终的结果就是各城市商业环境与生活质量指数呈现显著的负相关关系。

(2012)介绍了系列文献中 s_w / s_H 的比值(见表2-7),除了该文中选用的采用的比值较低(1.55)外,Chen and Rosenthal(2008)采用的比值为2.87,其余文献中该比值均高于3.6,本书中该比值仅为2.4。鉴于2005年人口抽样调查的数据针对租房家庭考察了房租金额,本书利用该数据计算发现,各城市房租支出比在0.08—0.15之间,本书将房租支出比取值为0.1,即工资与房价的权重比为7.2这一极端值,重新计算了城市的生活质量指数,发现城市商业环境与生活质量指数的相关系数达到-0.97,且为显著。因此,如果将房租支出比取值为0.2,即工资与房价的权重比为3.6,则城市商业环境与生活质量指数的相关系数应该介于-0.85至-0.97之间。此类敏感性的测试,更加印证了本书关于流动人口在沿海城市工作与流出地城市置业的推论,即存在中国特色的劳动力流动机制。城市商业环境与生活质量指数的负相关关系反映了城市难以同时为移民提供工作机会和生活质量的特征,这意味着我国移民在迁移时不得不在工作和生活两者之间进行权衡,这也是下文分析人口流动方向的一个前提。需要指出的是,本书中"生活质量"的概念与其在字面含义不完全重合,在本书中一定意义上可能更偏重于公共产品均等化。为了与该领域系列文献保持一致,依然沿用"生活质量"一词。

表 2-7 关键参数的选取:本书与文献的对比

文献	工资的权重相对于房价权重的比值(s_w / s_H)
Blomquist et al.(1988)	3.61
Beeson and Eberts(1989)	3.7
Gyourko and Tracy(1991)	4.82
Gabriel et al.(2003)	3.72
Davis and Orthalo-Magne(2011)	4
Albouy(2012)	1.55

文献	工资的权重相对于房价权重的比值(s_w / s_H)
本书	2.4
敏感性测试	7.2

根据城市商业环境与生活质量指数值,我们将所有城市分为四类(见图2-1),从第一到第四象限依次为:生活质量和商业环境均在全国平均水平以上的城市,商业环境高于全国平均水平、生活质量低于全国平均水平的城市,生活质量和商业环境都低于全国平均水平的城市,生活质量高于全国平均水平、商业环境低于全国平均水平的城市。由于两项指标呈现高度负相关性,绝大部分的城市分布在第二和第四象限。

二、家庭和企业最喜爱和最不喜爱的城市、人口流动的整体趋势

研究发现,生活质量指数较高的城市主要为中西部和东北三省城市;商业环境指数较高的城市主要为东部沿海城市。同时,可以发现生活质量指数最低的城市恰好是商业环境最好的城市,商业环境垫底的城市恰好是生活质量指数最高的城市,再次印证了我国城市两项指标之间明显的负相关关系,即家庭和企业对于城市的偏好正好相反,或者说能为流动人口提供更好工作或更好生活质量是两类完全不同的城市,两者只择其一。

具体来看,商业环境指数高的大多为东部沿海城市,这些城市在改革开放后经济蓬勃发展,无论是其面向世界市场的区位优势,还是多年积累形成的上下游产业集群优势,抑或是各项改革先行先试的政策优势,都足以让它们成为最受企业欢迎的城市。商业环境指数排在末尾的均为内陆和东北的城市,这些城市在产业结构和区位优势上都难以企及东部沿海城市,对企业的吸引力较弱,具体表现为这些城市难以提供足够的工作岗位,工资持续低迷。商业环境指数显示结果与直观感受较为契合。

生活质量指数显示家庭最喜爱的是内陆和东北城市,最不喜爱沿海城市,

这一结果在直觉上令人费解。其实,Chen and Rosenthal(2008)以及 Albouy(2012)采用类似方法计算发现,美国生活质量指数高的城市为阳光充足、温度适宜的海滨城市,如夏威夷的火奴鲁鲁,而不是产业集聚程度高的商业城市,在一定程度上讲,与本书得到的结果类似。同时,不同于美国,我国的生活质量指数与城市宜人的生活环境似乎联系较弱。更为重要的是,结合我国人口流动的大趋势,改革开放以来我国人口大量向沿海城市转移与集中,生活质量指数较高同时商业环境落后的内陆和东北城市成为人口的主要输出地,生活质量指数较低而商业环境优越的沿海城市恰为人口的主要流入地。表2-8将通过回归验证这一人口流动的基本趋势。

　　表2-8 的回归(1)和(2)分别为城市生活质量和商业环境指数对城市人口净流入回归的结果。被解释变量为城市人口净流入量,由第五次人口普查微观数据中移民的来源地和现住地信息统计得到,并进行了取对数处理。两个回归中均加入了 2000 年城市人口规模的对数作为控制变量,表中略去了控制变量以及常数项的回归结果。结果显示,城市生活质量与人口净流入量负相关,而商业环境与其正相关,说明我国人口的整体趋势表现为人口从生活质量高的城市迁出,迁往商业环境好的城市。从商业环境角度得出的人口流动趋势与大量人口流动研究文献得出的结论是一致的,即人口从经济较落后地区流动到经济较发达地区是人口迁移的主要流向,经济因素是主导我国人口流动的首要原因(王桂新,1996;于涛方,2012;王桂新等,2012)。对于表2-8第(1)列的解释,本章将在第四节予以阐述。

表2-8　生活质量和商业环境与城市人口净流入

解释变量	被解释变量:ln(人口净流入+575)	
	(1)	(2)
生活质量	-0.224*** (0.037)	—
商业环境	—	0.348*** (0.034)

解释变量	被解释变量:ln(人口净流入+575)	
	(1)	(2)
控制人口规模	是	是
观测值	258	258

注:(1)人口净流入+575,其中人口净流入为五年内常住人口流入减流出,+575 是为了使对数有意义;
(2)回归中控制了 2000 年城市人口规模的对数;(3)***、**、*分别表示在 1%、5%、10%水平上显著,括号中是系数的标准误。
数据来源:第五次人口普查微观数据,各地第五次人口普查公报。

三、城市特征对商业环境和生活质量的影响

生活质量和商业环境指数实际上反映的是家庭和企业对具体城市特征的偏好,下面就将这两项指标分别对各项城市特征进行回归。影响城市生活质量的因素将从自然条件、公共品供给、城市环境等方面进行刻画,商业环境的影响因素则从区位条件、劳动力市场、政策优势、资源禀赋和市场化程度等方面进行刻画。具体城市特征变量的定义及其数据来源见表 2-9①。

表 2-9 城市特征变量定义及来源

分类	城市特征	变量	定义	数据来源
影响生活质量的城市特征	自然条件	最高温度	当年最高温度(摄氏度)	Cai et al.(2017)
	公共品供给	基础教育	2000 年每万人小学学校数	《中国城市统计年鉴2001》;各地第五次人口普查公报
	城市环境	SO₂ 浓度	每平方公里二氧化硫排放量(百吨)	《中国城市统计年鉴2001》
		道路密度	人均铺装道路面积(百平方米)	《中国城市统计年鉴2001》
		人口密度	常住人口密度(万人/平方公里)	《中国城市统计年鉴2001》

---

① 由于数据限制,本部分相对于前文的 258 个地级市减少了 11 个城市,分别为:呼和浩特、包头、乌海、赤峰、通辽、海口、西宁、银川、石嘴山、乌鲁木齐、克拉玛依。

续表

分类	城市特征	变量	定义	数据来源
影响商业环境的城市特征	区位条件	离海岸线距离	城市与海岸线距离(千米)的自然对数	Cai et al. (2017)
		与大城市距离	距离北京、上海、香港三地直线距离的最小值(米)的自然对数①	—
	劳动力市场	人口规模	2000年常住人口数的自然对数	各地第五次人口普查公报
		人力资本	2000年城市劳动年龄人口平均受教育年限(年)②	第五次人口普查微观数据
	政策优势	经济特区	经济特区③取1;其他取0	—
		首批沿海开放城市	首批沿海开放城市④取1;其他取0	—
	资源禀赋	资源型城市	石油城市⑤和煤炭城市⑥取1;其他取0	煤炭城市:邵帅(2010)
	市场化程度	私营经济占比	2000年工业总产值中私营企业的占比	《中国区域经济统计年鉴2001》

---

① 北京、上海该指标取为 ln1。

② 未上过学=0年,扫盲班=3年,小学=6年,初中=9年,高中、中专=12年,大学专科=14年,大学本科=16年,研究生=19年。

③ 深圳、珠海、汕头、厦门和海南。

④ 大连、秦皇岛、天津、烟台、青岛、连云港、南通、上海、宁波、温州、福州、广州、湛江和北海。

⑤ 定义为石油城市的有:山东东营(胜利油田)、黑龙江大庆(大庆油田)、吉林松原(吉林油田)、辽宁盘锦(辽河油田)、河北沧州(华北油田、大港油田)、河南濮阳(中原油田)和河南南阳(河南油田)。

⑥ 定义为煤炭城市的有:邢台市、大同市、晋城市、朔州市、抚顺市、阜新市、鸡西市、鹤岗市、双鸭山市、七台河市、徐州市、淮南市、淮北市、龙岩市、萍乡市、淄博市、枣庄市、济宁市、平顶山市、鹤壁市、焦作市、六盘水市和铜川市。

表 2-10 中生活质量的回归系数显示,适宜的温度、充足的人均教育资源都与更高的城市生活质量指数联系在一起,说明本书的生活质量指数反映了家庭对于城市自然条件和公共品服务的偏好。与本书结果类似,Zheng et al.(2009)发现 1998 年与 2004 年间居民对气候、公共品供给等体现城市生活质量的特征有明显的支付意愿,Liu and Shen(2014)通过研究高技能移民同样发现气温适宜、公共服务优越的城市更容易吸引人口流入。其他刻画城市环境变量(如 SO_2 浓度、道路密度和人口密度)对生活质量指数的影响不显著[1],回归 R-squared 也仅为 0.150,说明我国生活质量指数很大程度上不是由城市的宜居性特性决定的,后面将通过我国流动人口务工和置业空间分离的特点提供一个解释。

表 2-10　城市特征对生活质量和商业环境的影响

被解释变量:生活质量		被解释变量:商业环境	
最高温度	-0.079*** (0.014)	离海岸线距离	-0.087** (0.034)
基础教育	0.277*** (0.092)	与大城市距离	-0.206*** (0.036)
SO_2 浓度	-0.150 (0.103)	人口规模	0.155* (0.086)
道路密度	0.031 (0.223)	人力资本	0.177** (0.072)
人口密度	0.104 (0.093)	经济特区	1.065** (0.433)
常数	1.390*** (0.302)	首批沿海开放城市	0.675*** (0.256)
—	—	资源型城市	0.086 (0.153)

---

[1]　同样在空间均衡的框架下,Chauvin et al.(2017)发现在我国气候因素与城市间工资和房价没有明显联系,气候条件的影响在文献中还未达成一致的结论。

被解释变量：生活质量		被解释变量：商业环境	
—	—	私营经济占比	1.945*** (0.581)
—	—	常数	−1.043 (1.591)
观察值	247	观察值	247
R-squared	0.150	R-squared	0.460

注：***、**、*分别表示在1%、5%、10%水平上显著，括号中是系数的标准误。

商业环境的回归系数显示，企业选址时看重沿海、靠近大城市等区位优势。从劳动力市场来看，人口集聚效应（Duranton and Puga，2004）、人力资本（Rauch，1993；Moretti，2004）都会明显地提高商业环境。此外，享有政策优惠和发展先机的经济特区和沿海开放城市都更受企业青睐。资源禀赋有利于提升商业环境，但影响并不显著。私营企业占比高的城市商业环境明显更高，这一结果反过来也可以解释为私营企业相对于国有企业选址时更加看重城市的商业环境。

第四节 中国特色的人口迁移机制

一、生活质量指数高低成因假说的提出

相比于商业环境指数与直觉的契合，城市生活质量指数的高低与现实感觉存在一定距离：以深圳、上海为代表的沿海发达城市生活质量指数落后，六安、永州等内陆城市的生活质量指数却遥遥领先。生活质量在本义上讲是居民为了在特定城市居住所体现的支付意愿，在中国语境中一定程度上可以认为是流动人口对公共服务的支付意愿。从公式上讲，支付意愿具体表现为住房价格在扣除了地区收入因素后的溢价。在我国，城市生活质量指数反映了

如下现象:2000 年沿海城市较高的工资没有同比例推涨房价,而内陆城市低迷的工资水平却维持着相对于收入水平而言的较高房价水平。对于这一现象,一种可能的解释是,2000 年我国城市住房市场尚处于发育期,城市间房价正以一定速度向均衡水平收敛,在考察时点上的价格水平尽管偏离了长期均衡水平,但正向均衡水平收敛①。另一种可能的解释,也是本书认为更为重要的原因,该现象背后反映了我国流动人口工作和置业在空间上分离为特征的迁移机制。

如何证实上述人口迁移机制?从背景上讲,为了追求更高的收入,改革开放以后农村剩余劳动力大量流入经济蓬勃发展的沿海城市。问题是,这一部分流动人口如何获得与其收入相称的公共服务?显然,严格的落户门槛极大地限制了其在沿海城市获得相应公共服务的能力,在沿海大城市实施类似"大国大城""跨区域统筹"等一步到位式的公共服务均等化政策具有较大的现实局限性。退而求其次的方法是,将在沿海城市的打工收入转移到其流出地城市进行购房,获得当地城市的公共服务资格,这首先解决了小孩的义务教育公共服务,其次是老人的养老与医疗等公共服务。这是流动人口在现实中最为普遍的获取公共服务均等化的方式。

从对地区工资和房价的影响来看,由于流动人口返回流出地城市的预期存在,沿海城市工资水平的上涨不会同比例地相应推升对本地住房的需求。相反,流动人口在沿海城市工作积蓄的收入将用于在流出地城市建房或购房,人口输出地的住房需求在较大程度上是由流动人口在沿海城市获得收入决定的。刘成斌和周兵(2015)在对农民工流动行为的长期观察中发现,经济条件较好的农民工不愿重回农村,也没能力在务工的沿海大城市落户,更多选择在县城购房,这成为农民工渐进市民化的一个重要途径。他

---

① 郑思齐等(2011)利用我国 84 个城市的城镇住户调查微观家庭数据进行研究发现,控制工资水平差异后,1998—2004 年间城市住房成本正以每年 10% 的速度向均衡水平收敛。参见郑思齐、符育明、任荣荣:《居民对城市生活质量的偏好:从住房成本变动和收敛角度的研究》,《世界经济文汇》2011 年第 2 期。

们利用 2013 年全国流动人口动态监测数据发现,22.9%的农民工计划回家乡城镇购房。

以上事实说明,流动人口的典型特征是收入和购房在空间上的分离,这构成中国特色的人口迁移机制之一。由此提出以下假说:

> 吸纳大量流动人口的沿海城市虽然工资水平较高,却没有同比例地推涨房价,流动人口在务工地的住房消费比例偏低;相反,流出地城市的房价受流动人口在沿海城市打工收入的推涨。

这一假说的出发点是流动人口在务工地较低的定居意愿。下面将通过城市层面和个体层面印证上述假说。

二、城市层面的证据——城市生活质量与流动人口数量

本处将城市分为两类,一类是提供工作机会、吸引人口流入的城市,另一类是缺乏工作机会、输出劳动力的城市。在实证中,将城市根据商业环境指数是否大于 0 进行划分,分别对应以上两种城市,并在下文中形象地将分别以"沿海城市"和"内陆城市"来指代。如果前文的故事成立,即流动人口在流入地定居的倾向低是影响沿海城市和内陆城市生活质量指数的重要因素,那么在控制其他影响生活质量的城市特征后,流动人口流入越多的"沿海城市"生活质量指数应该更低,流动人口输出越多的"内陆城市"生活质量指数应该越高。具体的回归方程是在前一部分考察城市生活质量影响因素的多元回归中进一步加入城市人口流动的信息作为解释变量。此处的流动人口严格来说指的是不拥有现住地户籍的非户籍移民,与之对应的是户籍移民,后者通常表现为迁移后长期定居,本书将其作为对照组。非户籍移民和户籍移民的流入流出量是验证本书假说的主要解释变量。各城市两类移民的流入流出数由第五次人口普查微观数据统计得到。

表 2-11 中的回归(1)显示,对于"沿海城市",在控制了一系列影响城市生活质量的特征后,非户籍移民流入越多的城市其生活质量指数越低,这一结果与假说吻合。由于非户籍移民迁移的短期性特点,其在"沿海城市"获取的

大部分收入不会转化为当地的购房支出,大量吸收非户籍人口的城市其工资对于房价的推涨作用较弱,即这些城市生活质量指数较低。作为对比,回归(2)将非户籍移民流入数替换为户籍移民流入数,其系数为正,且并不显著,说明户籍移民流入"沿海城市"不会产生类似效应,其差异在于户籍移民大多体现为长期或者永久迁移,不存在收入和购房的空间分离。假说的另一层意思是,非户籍移民将收入寄回流出地城市,他们在"沿海城市"工作积蓄的收入将用来在流出地城市购房,进而推涨户籍地的房价。回归(3)进行了印证,控制其他城市特征不变,输出非户籍移民越多的"内陆城市",生活质量指数越高,即房价高出工资的幅度越大。同样,回归(4)以"内陆城市"的户籍人口流出作为对照,发现其系数符号相反且不显著,发现户籍移民输出没有类似效应。

表 2-11　移民的类型和数量对城市生活质量指数的影响

解释变量	被解释变量:城市生活质量			
	"沿海城市"		"内陆城市"	
	(1)	(2)	(3)	(4)
最高温度	-0.029	-0.039	-0.051***	-0.044***
	(0.026)	(0.027)	(0.011)	(0.010)
基础教育	0.353	0.203	0.098*	0.060
	(0.298)	(0.297)	(0.057)	(0.057)
SO_2 浓度	-0.201	-0.184	-0.089	-0.125**
	(0.270)	(0.278)	(0.065)	(0.063)
道路密度	-7.966***	-9.136***	0.008	0.002
	(2.410)	(2.389)	(0.126)	(0.127)
人口密度	0.110	-0.004	0.057	0.083
	(0.234)	(0.232)	(0.058)	(0.059)
非户籍移民流入数(千人)	-0.316*	—	—	—
	(0.165)			

解释变量	被解释变量：城市生活质量			
	"沿海城市"		"内陆城市"	
	（1）	（2）	（3）	（4）
户籍移民流入数（千人）	—	0.062	—	—
	—	(0.960)	—	—
非户籍移民流出数（千人）	—	—	0.620*	—
	—	—	(0.349)	—
户籍移民流出数（千人）	—	—	—	−1.420
	—	—	—	(1.412)
常数	0.175	0.474	1.300***	1.356***
	(0.624)	(0.635)	(0.200)	(0.213)
观察值	82	82	165	165
R-squared	0.244	0.206	0.141	0.129

注：(1)"沿海城市""内陆城市"分别指代商业环境大于零和小于零的城市；(2)城市两类移民数据由第五次人口普查微观抽样数据统计而得，未按照抽样比例推算为整体数量；(3)***、**、*分别表示在1%、5%、10%水平上显著，括号中是系数的标准误。

三、个体层面的证据——流动人口本地住房消费率的特征

根据前文的假说，沿海城市之所以房价水平相对于工资较低，是因为流动人口没有在务工城市定居的打算，他们在务工城市的住房需求明显低于本地居民。

为了对以上假说进行验证，本处将利用个体微观数据，首先考察流动人口在务工地的住房消费是否明显低于个人特征相同的户籍人口；其次，进一步验证流动人口在务工地长期居住意愿是否明显影响流动人口的住房消费率。

本处采用国家卫生和计划生育委员会2015年全国流动人口动态监测调查数据。该数据覆盖了全国31省（自治区、直辖市）以及新疆生产建设兵团，采用分层为主、多阶段及与规模成比例（PPS）抽样方法。调查对象为调查前一个月来本地居住、非本区（县、市）户口且2015年5月年龄在15周岁及以上

的流入人口,不包括调查时在车站、码头、机场、旅馆、医院等地点的流入人口,不包括在校学生与"半边户"①。对于符合抽样要求但在非正规场所(临时工地、废弃厂房、草棚、涵洞等非正式居所)居住的流入人口也纳入抽样编排。同时,该监测在北京、上海、大连、无锡、杭州、合肥、广州、贵阳等8个城市还调查了户籍人口的相应信息,从而实现与流动人口的比较研究。虽然此数据与本书所考察的2000年有相当的时间间隔,但可以反映流动人口长期以来消费行为特征。

样本限制为月总收入和每月住房支出(仅房租或房贷)不为零的家庭,并且对各控制变量进行剔除缺失值处理,最终包括163841个被访者及其家庭信息,其中流动人口和户籍人口家庭分别为160935户和2906户。在此基础上,为了进一步控制个体工作特征,将样本限制为在调查前夕有工作的个体,限定后流动人口和户籍人口家庭分别为133497户和2009户。

表2-12是控制个人特征后考察流动人口和户籍人口本地住房消费率差异的回归结果。被解释变量为家庭在现住地的月住房消费(仅房租或房贷)②与税后总收入之比,主要解释变量为是否为流动人口的虚拟变量。回归(1)结果显示,在控制了诸如性别、年龄、收入等被访者个人特征后,流动人口家庭的本地住房消费率比户籍家庭低5.12个百分点(流动人口本地住房消费率均值为15.09%),且为显著。在回归(2)中,进一步控制被访者所在省份的固定效应,流动人口虚拟变量的回归系数和显著性均没有明显变化。回归(3)将样本限制为有工作的群体,进一步控制其工作的职业、行业、所在单位性质的固定效应,流动人口虚拟变量的系数绝对值进一步增大。以上回归结果说明,流动人口相对于户籍人口而言,较低的本地住房消费率不是由两类人群个体特征差异导致的,而且,将个人特征控制得更全面后,流动人口的在务工地的

---

① 指流动家庭中有一人及以上的成员户口为本地户口的家庭户。

② 由于在流动人口中单位包住的情况比较普遍,监测数据调查了这部分流动人口单位包住折算的货币价值,本书尝试过将这部分价值也视为家庭本地住房消费,主要回归结果未发生改变。

住房消费率与户籍人口的差距变得更大。①

按照假说,流动人口家庭在务工地住房需求较低是由于其没有在本地长期定居的打算,他们在务工地暂时居住仅仅是为了获取收入,未来将返乡置业。上面的回归结果证明了,相对于户籍人口,流动人口在务工地的居住支出确实受到了抑制。但这种抑制也可能是由流动人口较强的预防性储蓄动机(社会保障较为薄弱)和较强的信贷约束等导致的。

表 2-12 流动人口和户籍人口的本地住房消费行为
(被解释变量:本地住房消费/收入)

解释变量	全部个体		近期有工作的个体
	(1)	(2)	(3)
流动人口	-0.051***	-0.056***	-0.076***
	(0.003)	(0.003)	(0.004)
性别(男性=1)	-0.010***	-0.010***	-0.003***
	(0.001)	(0.001)	(0.001)
年龄	0.0007***	0.0005***	0.0004***
	(4.27e-05)	(4.26e-05)	(4.87e-05)
民族(汉族=1)	0.004***	0.008***	0.001
	(0.001)	(0.001)	(0.002)
受教育年限②	0.007***	0.007***	0.005***
	(0.0001)	(0.0001)	(0.0001)
户口性质(非农业户口=1)	0.031***	0.029***	0.023***
	(0.001)	(0.001)	(0.001)

① 将样本限定为同时进行流动人口和户籍人口调查的8个城市,结果基本一致。

② 受教育年限由受教育程度换算得到,两者的对应关系如下:未上过学=0年,小学=6年,初中=9年,高中/中专=12年,大学专科=14年,大学本科=16年,研究生=19年。下一个回归中的受教育年限定义相同。

续表

解释变量		全部个体		近期有工作的个体
		（1）	（2）	（3）
婚姻状况（未婚=1）		−0.009***	−0.007***	−0.008***
		(0.001)	(0.001)	(0.001)
工作状态（有工作=1）		0.002**	0.006***	—
		(0.001)	(0.001)	—
ln（收入）		−0.037***	−0.033***	−0.041***
		(0.001)	(0.001)	(0.001)
省份固定效应		否	是	是
职业固定效应		—	—	是
行业固定效应		—	—	是
单位性质固定效应		—	—	是
常数		0.371***	0.379***	0.475***
		(0.006)	(0.007)	(0.012)
观测值		163841	163841	135506
R-squared		0.044	0.069	0.124

注：***、**、*分别表示在1%、5%、10%水平上显著，括号中是系数的标准误。

表2-13　流动人口定居意愿与本地住房消费行为
（被解释变量：本地住房消费/收入）

解释变量		全部个体		近期有工作的个体
		（1）	（2）	（3）
在流入地长期居住意愿（基准组：打算长期居住）	不打算	−0.032***	−0.031***	−0.025***
		(0.001)	(0.001)	(0.001)
	没想好	−0.024***	−0.023***	−0.020***
		(0.001)	(0.001)	(0.001)

续表

解释变量	全部个体		近期有工作的个体
	（1）	（2）	（3）
性别(男性=1)	−0.010***	−0.010***	−0.003***
	(0.001)	(0.001)	(0.001)
年龄	0.001***	0.001***	0.0004***
	(4.29e−05)	(4.28e−05)	(4.85e−05)
民族(汉族=1)	0.006***	0.010***	0.002
	(0.001)	(0.001)	(0.001)
受教育年限	0.007***	0.006***	0.005***
	(0.0001)	(0.0001)	(0.0002)
户口性质(非农业户口=1)	0.030***	0.028***	0.022***
	(0.001)	(0.001)	(0.001)
婚姻状况(未婚=1)	−0.003***	−0.002*	−0.005***
	(0.001)	(0.001)	(0.001)
工作状态(有工作=1)	−0.0005	0.003***	—
	(0.001)	(0.001)	—
ln(收入)	−0.041***	−0.037***	−0.044***
	(0.001)	(0.001)	(0.001)
省份固定效应	否	是	是
职业固定效应	—	—	是
行业固定效应	—	—	是
单位性质固定效应	—	—	是
常数	0.415***	0.427***	0.498***
	(0.006)	(0.007)	(0.012)
观测值	160934	160934	133497
R−squared	0.051	0.076	0.128

注:***、**、*分别表示在1%、5%、10%水平上显著,括号中是系数的标准误。

　　为了进一步印证本处假说,下面将考察流动人口在务工地住房消费行为是否受其长期居住意愿的影响。调查问卷询问了流动人口未来是否打算在本地长期居住(5年以上),选项为"打算"、"不打算"和"没想好"三项。在回归中将打算在本地长期居住的人群设为基准组,为其余两类设置虚拟变量。被解释变量和其他个人特征控制变量同上一组回归一致。表2-13的回归结果显示,控制其他个人特征相同,相比于打算在务工地长期居住的流动人口,回答为"没想好"的群体的本地住房消费率明显更低,而不准备在本地长期居住的群体该比率最低,说明流动人口越不倾向于在务工地定居,其本地住房消费率也将越低,验证了流动人口较低的住房消费率源自于他们较低的定居意愿。

第三章 中国城市间人口迁移的动因

——为了工作还是生活

从城市商业环境、生活质量指数与城市间人口流动的相关性中可以发现我国人口流动的整体规律:人口不断地从生活质量指数高的城市流出,迁往商业环境指数高的城市,即经济因素或者说工作机会是我国地区间人口迁移的主要动因。这已成为学术界对于中国人口迁移动因的共识。但整体之下可能掩盖了不同群体迁移方向的异质性。流动人口迁移后是否拥有现住地户口,将极大地影响当地公共品和福利的获取程度,而这恰恰是中国特定条件下城市生活质量最为重要的组成部分。因此,在生活质量和就业机会两个角度上考察人口迁移选择时,是否获得户口可能是流动人口异质性的重要来源。

同时,我国的人口流动存在明显的生命周期特征,即年轻时前往工作机会更多的沿海大城市务工赚取收入、达到一定年龄后回迁至商业环境相对落后的流出地城市。因此,为了工作机会前往经济发达地区的迁移行为主要集中在年轻群体,随着年龄增加该倾向逐渐下降;从沿海城市返回的迁移高峰期相应地会比前者延后,并且这种返迁倾向随着年龄增长而逐渐增加。

相对于城市层面的加总数据,本处利用微观数据考察个体空间决策,具有明显的优势:一方面,城市环境与城市人口变化之间存在严重的反向因果问题,人口规模可以通过消费多样性(Glaeser et al.,2001)和发挥公共品供给的规模效应来影响生活质量,也会通过集聚经济影响城市的商业环境(Rosenthal and Strange,2004;Duranton and Puga,2004),而个人的迁移行为不会影响城市整体的环境,利用微观数据能有效克服反向因果问题;另一方面,微观数据更适用于研究个体异质性,有利于考察不同类型的移民在生命周期上的迁移特征。

第一节 城市间人口迁移方向数据和实证方法

  实证采用的数据为 2000 年第五次全国人口普查的一个随机抽样子样本,抽样比为 0.09%。第五次人口普查对于 1995 年 11 月 1 日以后迁来现住地的人口调查了迁出地信息①。本书将这部分群体定义为移民,并将年龄限定在 15—64 岁之间,剔除在校学生。迁出城市和现住城市之间生活质量和商业环境指标的差值作为被解释变量(市内迁移差值则为零),代表了移民在空间上进行选择的决策方向。迁移前后所在城市生活质量和商业环境指标均使用前文计算的 2000 年指数,这样的做法假设了城市环境有较强的延续性,在研究期内(个体发生迁移年份到 2000 年间)未发生明显的变化。假设的合理性基于如下事实:首先,城市的生活质量和商业环境在很大程度上由地理自然条件决定,这些条件在考察期内稳定不变;其次,两项环境指数是相对指数,虽然 5 年间中国各城市都有不同程度的发展,但它们的相对水平维持稳定。

  前文测算的两项城市环境指数限于 258 个地级市,本部分研究范围也相应缩小到在这些城市之间迁移的人群。258 个城市是我国人口流动的主要活跃地,涵盖了 85.37% 的移民样本,对于解释整体趋势有非常强的代表性。处理后的移民样本总数为 43437 个。按照移民是否拥有现住地户口将其分为"非户籍移民"与"户籍移民"这两类,其中"户籍移民"占 17.18%。需要指出

---

  ① 该普查将 1995 年以前迁来本地的人群排除在外,低估了移民数量。但鉴于普查中仅对这部分移民提供了流出地信息,而且后文实证旨在探究微观个体的迁移行为而不是绝对规模,因此,只要样本相对于整体而言具有代表性,那么对于结果将不会造成显著影响。王桂新 (2004)梳理改革开放后我国人口迁移的发展,认为我国自 1995 年之后人口流动进入高度活跃期,1995 年之后的移民对于整体来说具有较强的代表性。参见王桂新:《改革开放以来中国人口迁移发展的几个特征》,《人口与经济》2004 年第 4 期。

的是,前文着重描述回流到户籍所在地的流动人口,如果其返迁行为发生在近五年内,将属于本书定义的"户籍移民"①。

根据前文的阐述,是否拥有本地户口将会极大地影响他们的迁移方向,实证部分将对两类移民进行分组回归。方程如下:

$$\Delta Q_{L,i} = \alpha_1 X_i + \beta_1 Y_i + u_{L,i} \tag{3-1}$$

$$\Delta Q_{B,i} = \alpha_2 X_i + \beta_2 Y_i + u_{B,i} \tag{3-2}$$

$\Delta Q_{L,i}$、$\Delta Q_{B,i}$ 分别为个体 i 现住地和来源地的生活质量和商业环境指标的差值,代表了个体移动的方向。若 $\Delta Q_{L,i}(\Delta Q_{B,i})$ 为正,说明移民迁往了生活质量(商业环境)更优越的城市,绝对值越大表示迁移前后城市的差异越大。X_i 是一系列个人特征控制变量组成的向量,包括性别、民族、户口类型(农业户口还是非农户口)、文化程度、婚姻状况、工作状况。Y_i 是各年龄段的虚拟变量向量,每 5 岁归为一组。为避免"虚拟变量陷阱",方程中不再设常数项,每个年龄段的系数代表该年龄段移民的平均移动方向。

第二节　城市间移民的描述性统计

一、非户籍移民和户籍移民个人特征差异

非户籍移民和户籍移民两个样本的描述性统计见表 3-1 和表 3-2。其中"Δ商业环境"和"Δ生活质量"分别为现住地和流出地商业环境和生活质量的差值,即在工作机会和生活两个维度上的移民方向。这两个被解释变量在两类移民样本中均呈现显著的负相关(见图 3-1),相关系数分别为 -0.869

---

① 周皓和梁在(2006)指出由于数据和方法的局限,准确识别返迁人群非常困难,这也是为何人口的返迁虽然是我国人口流动的一个重要特点,但一直是人口迁移文献中的一大盲区。他们的方法难以识别省内返迁人口,在一定程度上低估了返迁人口的规模。本书只能利用"户籍移民"这一更宽泛的概念进行考察,虽然不能直接代表返迁移民。参见周皓、梁在:《中国的返迁人口:基于五普数据的分析》,《人口研究》2006 年第 3 期。

和-0.817,且皆在1%水平上显著,说明移民通过迁移仅实现了一个维度上的改善(获得工作机会的提升或者得到生活质量的提高),这是由两项环境指标在城市间相互背离决定的。除年龄外的其他个人特征变量都为0、1变量,定义原则是将相对少数的类别定义为1,这样年龄段虚拟变量的系数即表示该年龄段代表性群体的平均移动方向。其中,文化程度以是否拥有大专及以上学历进行区分①,婚姻状况以是否目前有配偶进行区分②。

从"Δ商业环境"和"Δ生活质量"的均值来看,非户籍移民整体流动的方向更明显,即迁往商业环境更好、生活质量更差的城市,而户籍移民没有明显的整体倾向。从人口特征来说,相对于户籍移民,非户籍移民年龄较轻,文化程度较低,农业户口的占比更大,单身比例更高,有工作的比例也更高。对以上特征的差异进行t检验,发现结果都在1%水平上显著。

表3-1 非户籍移民的描述性统计

变量	观察值	均值	标准差	最小值	最大值
Δ商业环境	35976	1.69	1.84	-5.72	6.80
Δ生活质量	35976	-1.15	1.45	-5.99	4.60
年龄	35976	29.22	10.04	15	64
性别(女=1)	35976	0.48	0.50	0	1
民族(少数民族=1)	35976	0.03	0.17	0	1
户口类型(非农户口=1)	35976	0.23	0.42	0	1
文化程度(大学以上=1)	35976	0.06	0.24	0	1
婚姻状况(单身=1)	35976	0.41	0.49	0	1
工作状况(无工作③=1)	35976	0.14	0.34	0	1

① 大专及以上学历包括大学专科、大学本科和研究生。
② 有配偶的情况包括了初婚有配偶和再婚有配偶,无配偶的情况包括未婚、离婚和丧偶。
③ 无工作的情况包括:料理家务;离退休;丧失工作能力;从未工作正在找工作;失去工作正在找工作。

表 3-2　户籍移民的描述性统计

变量	观察值	均值	标准差	最小值	最大值
Δ 商业环境	7461	0.08	1.22	-6.17	5.90
Δ 生活质量	7461	-0.06	1.02	-4.60	5.80
年龄	7461	31.26	10.32	15	64
性别(女=1)	7461	0.59	0.49	0	1
民族(少数民族=1)	7461	0.04	0.20	0	1
户口类型(非农户口=1)	7461	0.59	0.49	0	1
文化程度(大学以上=1)	7461	0.21	0.41	0	1
婚姻状况(单身=1)	7461	0.24	0.43	0	1
工作状况(无工作=1)	7461	0.23	0.42	0	1

二、非户籍移民和户籍移民主要流入地和流出地

表 3-3 利用第五次人口普查微观数据中的流入/流出地信息统计得到了 1995—2000 年间非户籍移民与户籍移民流入(流出)最多的 50 个城市。从表中可以发现,非户籍移民主要流入地为东南沿海的生产型城市,吸纳人口最多的前三个城市分别为深圳、东莞和上海,并且呈现非常集中的流入态势,前 50 个城市吸纳了 75.63% 的非户籍人口流入。这些城市是图 2-1 中典型的第二象限城市,即商业环境指数高和生活质量指数较低的城市。非户籍移民的流出地除了个别大城市外,主要为内陆经济欠发达地区,典型的如南充、达州和赣州。这些城市对应图 2-1 中的第四象限城市,即生活质量指数较高和商业环境指数低的城市。从以上信息可以发现非户籍人口的迁移方向是从生活质量指数更高的城市迁出,迁往商业环境更高的城市,实际上反映的是从内地流向沿海的务工潮。

户籍移民的主要流入地和流出地则体现出较为不同的特点。从流入地来看,中西部的省会城市和直辖市如成都、西安、武汉、合肥、长沙、重庆、南昌、贵阳和南宁等,相较于吸纳非户籍移民而言,其在全国吸纳户籍移民的地位更为突出(排名更靠前)。这些城市基本都位于图 2-1 的第一和第四象限,生活质

量指数高于全国平均水平。户籍移民的主要流入地还包括许多经济实力较为薄弱的城市,如赣州、新乡、绵阳等,这些城市均位于图 2-1 的第四象限,即生活质量指数较高而商业环境指数较低。从流出地来看,不同于非户籍移民主要从经济欠发达地区流出的特征,户籍移民的主要来源地中包括许多沿海经济发达城市,如天津、无锡、宁波等。这种迁移方式与流动人口从务工地返回流出地城市或省会城市定居的现象非常契合。

表 3-3 1995—2000 年非户籍移民和户籍移民的主要流入地和流出地

移民类型	按流出地、流入地分	前 50 个移民主要流入/流出的城市（按移民人数从高到低排列）
非户籍移民	流入地（75.63%）	深圳、东莞、上海、广州、北京、佛山、温州、成都、苏州、泉州、武汉、杭州、中山、宁波、昆明、南京、天津、无锡、惠州、郑州、福州、厦门、青岛、大连、常州、台州、重庆、沈阳、石家庄、金华、长沙、西安、珠海、乌鲁木齐、南昌、哈尔滨、济南、合肥、贵阳、威海、江门、烟台、大庆、长春、南宁、嘉兴、太原、绍兴、镇江、徐州
	流出地（45.58%）	上海、南充、达州、赣州、上饶、北京、信阳、衡阳、邵阳、六安、阜阳、广州、成都、温州、黄冈、梅州、永州、盐城、荆州、安庆、南阳、孝感、重庆、茂名、泉州、武汉、泸州、南昌、台州、广安、吉安、内江、九江、昆明、巢湖、玉林、常德、宜春、揭阳、南通、周口、河源、南京、驻马店、天津、资阳、合肥、岳阳、长沙、贵港
户籍移民	流入地（57.00%）	上海、北京、南京、广州、成都、西安、武汉、大连、郑州、合肥、杭州、长沙、天津、济南、沈阳、哈尔滨、重庆、石家庄、烟台、唐山、临沂、太原、南昌、贵阳、长春、昆明、青岛、苏州、徐州、保定、深圳、南宁、福州、无锡、秦皇岛、桂林、赣州、厦门、新乡、南通、绵阳、济宁、泉州、洛阳、潍坊、芜湖、温州、扬州、焦作、咸阳
	流出地（45.17%）	上海、北京、南京、临沂、广州、成都、天津、哈尔滨、大连、西安、石家庄、重庆、青岛、潍坊、苏州、徐州、洛阳、武汉、保定、沈阳、温州、杭州、盐城、安庆、无锡、唐山、济宁、宁波、烟台、贵阳、长沙、南阳、济南、南昌、齐齐哈尔、合肥、桂林、南通、昆明、驻马店、郑州、新乡、福州、常州、绵阳、泰安、邵阳、遵义、上饶、长春、邯郸、连云港（后三个城市并列第50）

注:括号中为前 50 个主要城市人口流入/流出的总数在此类移民中的占比;由 1995—2000 年人口普查微观数据统计。

　　为进一步考察两类移民迁移方向的特征,图 3-1 和图 3-2 用散点图展示了每个移民现住地和流出地之间两项环境指标的差异(即回归方程中的两个被解释变量 Δ 商业环境 和 Δ 生活质量),圆圈的大小表示移民规模。

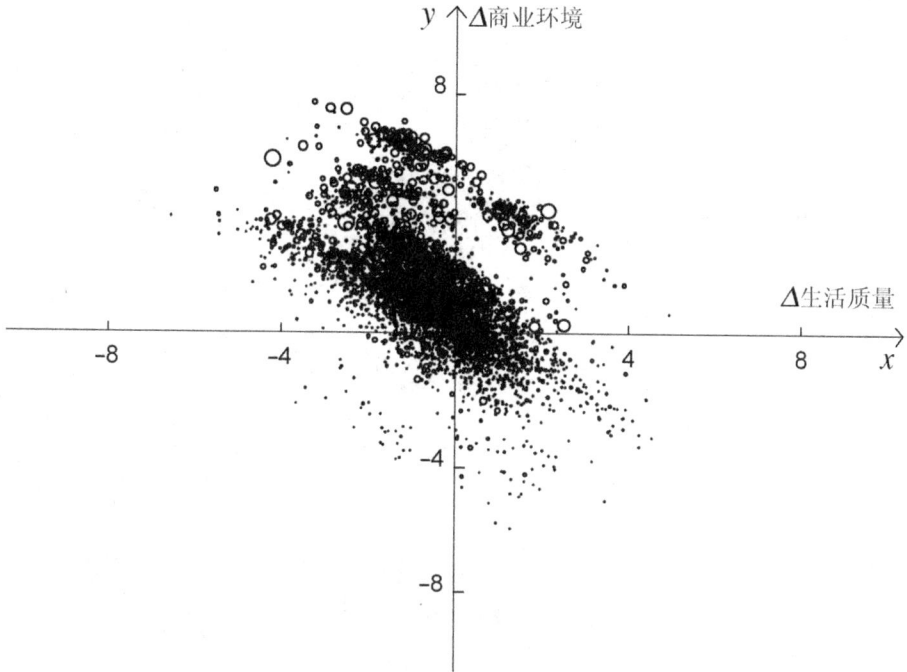

图 3-1　非户籍移民迁移方向

数据来源:本书计算指标和第五次人口普查微观抽样数据。

　　从图中不难发现两类移民在流向上存在明显差异:非户籍移民的样本大量分布于第二象限,意味着他们普遍迁往了商业环境指数更高、生活质量指数更低的城市;与此形成对比的是,户籍移民的观测值相对来说更集中于第四象限,即迁往生活质量更好的城市而同时牺牲了一定的工作机会。两类移民呈现出的典型迁移模式也是后文回归结果的直观体现。

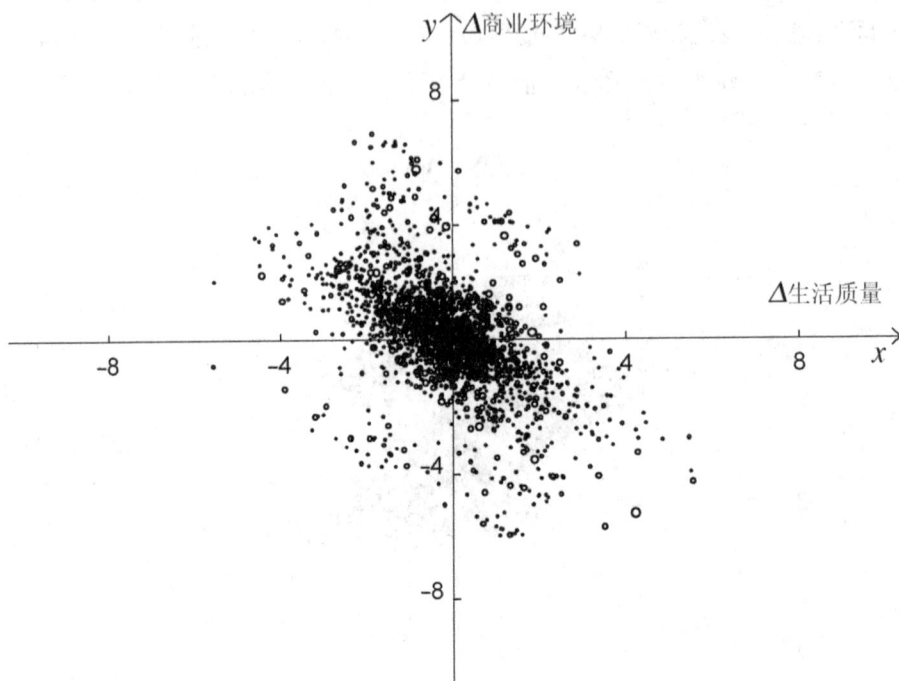

图 3-2　户籍移民迁移方向

数据来源:本书计算指标和第五次人口普查微观抽样数据。

三、两类移民和总人口年龄分布差异

图 3-3 显示了总人口和移民的年龄分布,柱状图的高度代表每个年龄段人口在此类移民中的占比。将移民年龄分布与总人口年龄分布进行对比可以发现,青年人群表现出明显更高的迁移倾向。其中无户口移民迁移高峰期集中在 15—29 岁之间,体现了此类流动人口年轻化迁移特点。取得户口的移民,迁移高峰年龄跨度更长,从 15—19 岁一直维持到 30—34 岁,平均而言,户籍移民的年龄大于非户籍移民。

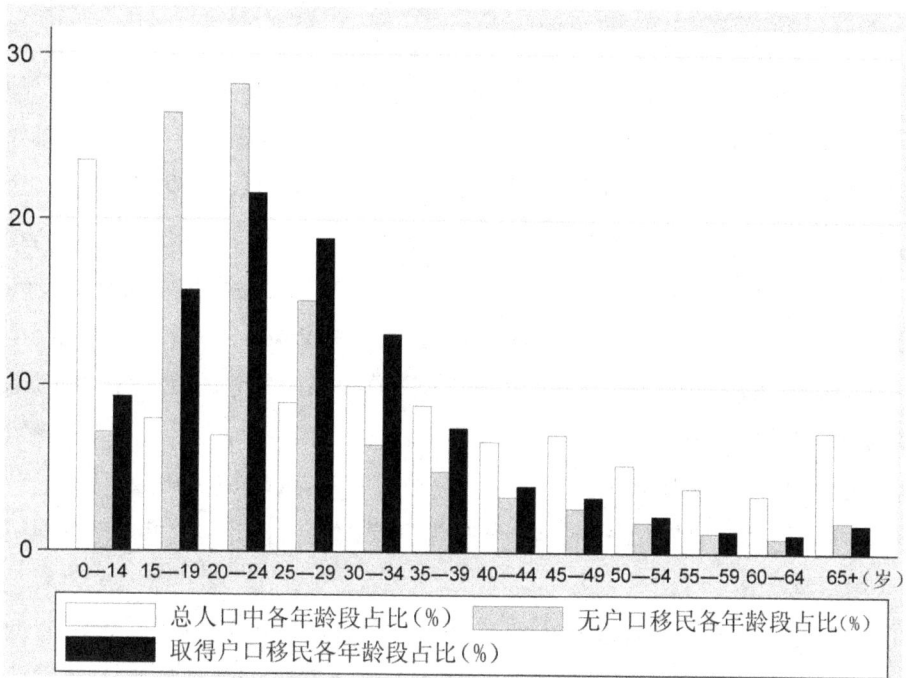

图 3-3　2000 年总人口和移民的年龄分布（全样本）

数据来源：第五次人口普查微观抽样数据。

第三节　生命周期上城市间人口
流动方向的基准回归

　　表3-4第（1）和第（2）列结果显示，对于全体移民样本，所有年龄段的虚拟变量对"Δ商业环境"的回归系数都为正，对"Δ生活质量"的回归系数都为负，说明所有年龄段的整体流动趋势都是从生活质量相对更好的城市流出，流往商业环境更佳的城市。结合上文展示的人口年龄分布特征，迁移高峰主要集中在青年与中年阶段，意味着商业环境最具竞争力的城市吸

— 71 —

引了大量年轻劳动力流入，缺乏商业活力的地区经历了年轻劳动力的持续流出。

下面对非户籍移民和户籍移民进行分样本回归。结果发现非户籍移民的迁移模式[表3-4第(3)和第(4)列]与整体保持一致，即对于所有年龄段的非户籍移民，都表现出明显的追求工作机会而牺牲生活质量的迁移特征。从系数绝对值上看，这一倾向在15—34岁达到高峰，之后逐渐衰减①。系列相关文献都发现劳动力流动在工作和生活权衡中类似的生命周期特征。Clark and Hunter(1992)研究美国人口流动发现，对于工作年龄的人口，工作机会是影响其流动的最重要因素，而年长的群体则更关心居住地的宜居性。Fu and Gabriel(2012)发现对于我国的移民，流入地与流出地之间工资水平的差异对年轻群体的影响明显高于年长群体。夏怡然和陆铭(2015)研究发现随着劳动力年龄的增长，城市工资影响不断减弱，基础教育和医疗等公共服务的吸引作用不断增强。

户籍移民迁移方向则截然相反，在对"Δ商业环境"的回归[表3-4回归(5)]中所有年龄段的系数均为负，对"Δ生活质量"的回归[表3-4回归(6)]中所有年龄段的系数均为正。这意味着我国的户籍移民在所有年龄段上都表现出从商业环境优越的城市退出，前往生活质量指数更高城市的流向特征。② 与本书中户籍移民放弃工作机会追求生活质量的结果类似，Liu and Shen(2014)针对我国高技能移民的研究，同样发现户口能部分抵消工作机会对于移民目的地选择的影响。从系数的绝对值上看，在30岁以后，户籍移民为谋求更好的生活质量而放弃工作机会的倾向随着年龄的增

---

① 不符合此特征的是60—64岁组，其系数绝对值较大。此年龄段移民样本极少，结果可能是个别极端值导致的。

② 表3-7通过对不同受教育水平的户籍移民进行分组回归发现，高受教育群体在迁移方向上没有明显趋势，户籍移民的整体流向主要是由其中低受教育群体主导的，消除了以上担忧。另外，通过设定一定条件(移民学历为大学专科及以上、年龄小于35岁、出生地为本县市区)统计户籍移民中分配返乡工作的大学毕业生规模，发现仅占4.6%。进一步剔除这部分样本，回归结果没有明显变化。

加逐步增强。这一方面与上文提及的人口流动生命周期特点有关,即随着年龄增长工作机会对于劳动力流动的影响不断下降,生活质量的重要性不断提高;另一方面与我国流动人口回流的特征不谋而合,由于流动人口难以在务工地享受教育、医疗、养老等基本公共服务均等化,他们难以在务工地长期定居,往往达到一定年龄或者拥有一定储蓄后,为了子女教育或自身养老而返回流出地城市,这种回流的倾向同样随着年龄的增长而加强。

表 3-4 基准回归:全部移民、无户口移民、取得户口
移民在生命周期上的迁移方向

变量	全部移民		无户口移民		取得户口移民	
	Δ 商业环境	Δ 生活质量	Δ 商业环境	Δ 生活质量	Δ 商业环境	Δ 生活质量
	(1)	(2)	(3)	(4)	(5)	(6)
15—19 岁	1.502***	-1.055***	1.692***	-1.188***	-0.373***	0.217***
	(0.037)	(0.029)	(0.040)	(0.032)	(0.084)	(0.071)
20—24 岁	1.393***	-0.976***	1.719***	-1.196***	-0.291***	0.126***
	(0.028)	(0.022)	(0.031)	(0.025)	(0.043)	(0.037)
25—29 岁	1.548***	-1.080***	1.817***	-1.268***	-0.235***	0.126***
	(0.021)	(0.017)	(0.023)	(0.019)	(0.038)	(0.032)
30—34 岁	1.609***	-1.103***	1.748***	-1.203***	-0.326***	0.236***
	(0.024)	(0.019)	(0.025)	(0.020)	(0.047)	(0.040)
35—39 岁	1.420***	-0.972***	1.536***	-1.051***	-0.413***	0.267***
	(0.030)	(0.024)	(0.032)	(0.026)	(0.054)	(0.045)
40—44 岁	1.285***	-0.875***	1.395***	-0.945***	-0.392***	0.243***
	(0.039)	(0.031)	(0.043)	(0.035)	(0.060)	(0.051)
45—49 岁	1.315***	-0.890***	1.433***	-0.965***	-0.407***	0.245***
	(0.042)	(0.033)	(0.047)	(0.038)	(0.065)	(0.055)

变量	全部移民		无户口移民		取得户口移民	
	Δ 商业环境	Δ 生活质量	Δ 商业环境	Δ 生活质量	Δ 商业环境	Δ 生活质量
	（1）	（2）	（3）	（4）	（5）	（6）
50—54 岁	1.227***	−0.854***	1.285***	−0.891***	−0.445***	0.256***
	（0.052）	（0.041）	（0.058）	（0.046）	（0.079）	（0.067）
55—59 岁	1.149***	−0.782***	1.241***	−0.853***	−0.579***	0.404***
	（0.066）	（0.052）	（0.075）	（0.060）	（0.097）	（0.082）
60—64 岁	1.332***	−0.904***	1.455***	−0.969***	−0.626***	0.327***
	（0.074）	（0.059）	（0.084）	（0.067）	（0.111）	（0.094）
控制个人特征	是	是	是	是	是	是
观测值	43437	43437	35976	35976	7461	7461
R-squared	0.439	0.368	0.382	0.298	0.049	0.029

注：***、**、*分别表示在1%、5%、10%水平上显著，括号中是系数的标准误。

Chen and Rosenthal（2008）用类似的方法研究了美国人口流动在生命周期上的规律，发现人们在年轻的时候流入商业环境优越的城市，在退休时从这些城市退出，进入生活质量更佳的城市。在户籍制度的影响下，我国户籍移民和非户籍移民的迁移方向走向了两个极端。对于非户籍移民来说，他们难以享受现住地的基础医疗、教育、社会保障等基本公共服务均等化，城市生活质量的高低不再左右他们的迁移方向，工作机会才是他们移民决策考虑的重点。反观迁移后拥有本地户籍的移民，在移民决策中，户口的"含金量"甚至足以使他们愿意在整个生命周期上牺牲对工作机会的追求，即使在青壮年，也选择从有更多工作机会、劳动生产率更高的城市退出。由于户籍移民的占比较小，人们对这一群体的关注远少于非户籍移民，这一独特的迁移模式也一直被整体趋势所掩盖。

第四节　以家庭为单位的稳健性检验

表 3-5　稳健性检验:户主在生命周期上的迁移方向

变量	非户籍移民户主		户籍移民户主	
	Δ 商业环境	Δ 生活质量	Δ 商业环境	Δ 生活质量
	（1）	（2）	（3）	（4）
15—19 岁	1.576***	−1.106***	−0.192	0.118
	(0.123)	(0.104)	(0.232)	(0.195)
20—24 岁	1.649***	−1.146***	−0.276**	0.115
	(0.073)	(0.061)	(0.123)	(0.103)
25—29 岁	1.714***	−1.146***	−0.281***	0.176**
	(0.057)	(0.048)	(0.095)	(0.080)
30—34 岁	1.551***	−1.017***	−0.323***	0.306***
	(0.059)	(0.050)	(0.100)	(0.084)
35—39 岁	1.378***	−0.888***	−0.360***	0.260***
	(0.065)	(0.055)	(0.105)	(0.088)
40—44 岁	1.263***	−0.798***	−0.286**	0.186**
	(0.077)	(0.065)	(0.112)	(0.094)
45—49 岁	1.285***	−0.839***	−0.420***	0.292***
	(0.0842)	(0.071)	(0.119)	(0.100)
50—54 岁	1.068***	−0.665***	−0.425***	0.267**
	(0.098)	(0.083)	(0.141)	(0.119)
55—59 岁	1.011***	−0.656***	−0.624***	0.438***
	(0.127)	(0.107)	(0.163)	(0.137)
60—64 岁	1.126***	−0.680***	−0.649***	0.324**
	(0.137)	(0.116)	(0.193)	(0.162)

变量	非户籍移民户主		户籍移民户主	
	Δ 商业环境	Δ 生活质量	Δ 商业环境	Δ 生活质量
	（1）	（2）	（3）	（4）
控制个人特征	是	是	是	是
观测值	8606	8606	2177	2177
R-squared	0.382	0.298	0.089	0.056

注：***、**、*分别表示在1%、5%、10%水平上显著，括号中是系数的标准误。

迁移行为通常以家庭为单位，个体层面的分析可能存在重复计算的问题。对此，本书利用户主样本作为稳健性检验①，以户主的迁移行为代表家庭的迁移方向。表3-5主要回归结果与表3-4基准回归一致，非户籍移民和户籍移民两种典型的迁移模式在户主样本中再次得到印证。

第五节　按受教育水平区分的迁移行为异质性

在基准回归的基础上，进一步区分不同受教育水平的移民，考察户籍移民和非户籍移民内部是否由于受教育程度不同体现出差异化的流动方向。表3-6和表3-7分别显示了按受教育程度分组的非户籍移民和户籍移民的回归结果。结果显示，对于非户籍移民，不同受教育水平的个体迁移方向是一致的，即均从生活质量指数更高城市迁出，前往商业环境指数更高的城市。而户籍移民内部表现出明显的异质性。除了个别年龄段外，高受教育水平的户籍移民的迁移行为没有体现出明显的方向性。低受教育水平的户籍移民呈现出

---

① 具体操作时剔除集体户口的样本，仅保留家庭户口的样本。同时，微观数据中提供的家庭识别码（仅3位）为普查小区内的编号，本书结合所在城市、所在小区人口数（代表小区信息）、房屋建造年份（按户为单位的信息）创建出唯一识别的家庭码。经验证，该码识别出的家庭中有且仅有一名户主。

显著的为了生活质量牺牲工作机会的流动倾向。这说明,基准回归中户籍移民的平均流动方向主要是由其中低受教育群体贡献的。这同时排除了基准回归中户籍移民为了生活质量放弃工作机会的特征流向,反映的是大学毕业分配工作等高学历人群的迁移行为的担忧,说明户籍移民迁移特征反映的是受教育水平普遍较低的外出务工人员回流至户籍地的返迁行为。

表3-6 不同受教育水平的非户籍移民的迁移行为异质性

变量	高受教育水平非户籍移民		低受教育水平非户籍移民	
	Δ 商业环境	Δ 生活质量	Δ 商业环境	Δ 生活质量
	(1)	(2)	(3)	(4)
15—19 岁	1.316***	-0.787***	1.684***	-1.180***
	(0.383)	(0.291)	(0.041)	(0.033)
20—24 岁	1.332***	-0.909***	1.728***	-1.199***
	(0.170)	(0.129)	(0.032)	(0.026)
25—29 岁	1.611***	-1.099***	1.823***	-1.269***
	(0.147)	(0.112)	(0.024)	(0.019)
30—34 岁	1.687***	-1.062***	1.742***	-1.201***
	(0.154)	(0.117)	(0.026)	(0.021)
35—39 岁	1.714***	-1.140***	1.512***	-1.032***
	(0.167)	(0.127)	(0.034)	(0.027)
40—44 岁	1.369***	-0.906***	1.386***	-0.936***
	(0.191)	(0.145)	(0.045)	(0.036)
45—49 岁	1.379***	-0.929***	1.426***	-0.953***
	(0.196)	(0.149)	(0.050)	(0.040)
50—54 岁	1.490***	-0.972***	1.257***	-0.871***
	(0.228)	(0.173)	(0.061)	(0.048)
55—59 岁	1.722***	-1.202***	1.169***	-0.796***
	(0.255)	(0.193)	(0.079)	(0.064)

续表

变量	高受教育水平非户籍移民		低受教育水平非户籍移民	
	Δ 商业环境	Δ 生活质量	Δ 商业环境	Δ 生活质量
	(1)	(2)	(3)	(4)
60—64 岁	1.768***	−1.105***	1.361***	−0.909***
	(0.261)	(0.198)	(0.089)	(0.071)
控制个人特征	是	是	是	是
观测值	2182	2182	33794	33794
R-squared	0.241	0.186	0.522	0.443

注:(1)高受教育水平定义为大专及以上学历,包括大学专科、大学本科和研究生,其余定义为低受教育水平群体;(2) ***、**、* 分别表示在1%、5%、10%水平上显著,括号中是系数的标准误。

表 3-7　不同受教育水平的户籍移民的迁移行为异质性

变量	高受教育水平户籍移民		低受教育水平户籍移民	
	Δ 商业环境	Δ 生活质量	Δ 商业环境	Δ 生活质量
	(1)	(2)	(3)	(4)
15—19 岁	−1.846	0.949	−0.347***	0.195***
	(1.289)	(1.063)	(0.088)	(0.075)
20—24 岁	0.191	−0.152	−0.286***	0.138***
	(0.304)	(0.250)	(0.047)	(0.040)
25—29 岁	0.425	−0.193	−0.251***	0.135***
	(0.299)	(0.246)	(0.041)	(0.035)
30—34 岁	0.652**	−0.279	−0.407***	0.286***
	(0.308)	(0.254)	(0.0515)	(0.044)
35—39 岁	0.632**	−0.304	−0.521***	0.338***
	(0.310)	(0.256)	(0.0592)	(0.051)
40—44 岁	0.526	−0.211	−0.450***	0.275***
	(0.327)	(0.270)	(0.0641)	(0.055)

续表

变量	高受教育水平户籍移民		低受教育水平户籍移民	
	Δ 商业环境	Δ 生活质量	Δ 商业环境	Δ 生活质量
	（1）	（2）	（3）	（4）
45—49 岁	0.351	-0.060	-0.437***	0.251***
	(0.333)	(0.275)	(0.0696)	(0.059)
50—54 岁	0.427	-0.195	-0.498***	0.289***
	(0.342)	(0.282)	(0.087)	(0.074)
55—59 岁	0.389	-0.164	-0.654***	0.467***
	(0.362)	(0.298)	(0.107)	(0.092)
60—64 岁	0.444	-0.202	-0.719***	0.376***
	(0.401)	(0.331)	(0.121)	(0.103)
控制个人特征	是	是	是	是
观测值	1591	1591	5870	5870
R-squared	0.060	0.041	0.055	0.032

注:(1)高受教育水平定义为大专及以上学历,包括大学专科、大学本科和研究生,其余定义为低受教育水平群体;(2) ***、**、*分别表示在1%、5%、10%水平上显著,括号中是系数的标准误。

第六节　城市间人口流向考察的主要结论

本章尝试对国内人口流动机制作一探索。具体研究思路是:将生活质量理解为城市公共产品均等化的可获得性,从劳动力流动是为了工作机会还是生活质量这一最普通的话题入手,渐次剖析中国人口流动的特殊机制。本书利用 2000 年第五次人口普查微观数据,研究发现 1995—2000 年间人口迁移在总体上表现出由经济因素主导的特点。同时,不同户口类型的流动人口呈现出两种不同的迁移模式:没有获得现住地户口的"短期移民",其迁移行为呈现明显的工作机会导向型,牺牲生活质量;户籍移民在迁移时为获取较高生活质量而牺牲工作机会。

　　本书证实,非户籍移民在沿海地区城市获取高工资收入后,通过向流出地城市寄回工资收入,实现在流出地城市置业,并获得流出地城市公共产品服务的资格等渠道,抬高了流出城市的生活质量水平,这种工作与置业在空间上分离在一定程度上可以逐步实现公共产品均等化,也是户籍制度改革的非激进式选择方向。虽然本书关于人口流动的研究对象是 2000 年第五次人口普查数据,但是,当年的迁移模式对于之后十多年间城市人口增长、地区发展分化同样有较强的解释力。

第四章　中国城市生活质量的支付意愿

——以空气质量为例

第一节　空气质量、信息公开与房价变动

我国快速推进的工业化和城市化过程中产生了较严重的环境污染,其中空气污染问题尤为突出。Ebenstein et al.(2015)的跨国研究发现,我国居民预期寿命的增长落后于人均收入增长,环境污染可能是背后重要原因,城市间PM10 浓度每上升 $100\mu g/m^3$ 居民预期寿命将下降 1.5 年。曹彩虹和韩立岩(2015)发现,雾霾通过引发呼吸系统疾病给北京带来的健康成本在 2013 年达 111.36 亿元,占北京当年 GDP 的 0.72%。2018 年,全国 338 个地级及以上城市中,121 个城市空气质量达标,仅占 35.8%[①]。

近年来,随着人民生活水平的提高以及互联网普及带来的信息传播加速,公众的环境意识迅速觉醒,环境问题持续成为社会大众关心和热议的话题。2012 年 3 月,修订的《环境空气质量标准》和《环境空气质量指数(AQI)技术规定(试行)》首次将 PM2.5 纳入空气质量评价标准;2015 年 1 月,全国所有地级市实现监测数据每小时实时联网公布。以 PM2.5 为代表的空气质量信

[①]　中华人民共和国生态环境部:《2018 中国生态环境状况公报》,见 http://www.mee.gov.cn/home/jrtt_1/201905/t20190529_704841.shtml。

息成为我国最为公开透明的环境信息。

公开污染信息，保障群众对居住环境状况的知情权，不仅可以从法律、伦理、公共卫生等诸多角度阐述其重要性，在经济学上也有坚实的理论基础。科斯的思想(Coase,1960)揭示，在信息充分和不考虑交易成本的情况下，污染排放者和受害方可以通过讨价还价实现更有效率的产出，减少社会福利损失。这意味着 PM2.5 污染信息公开不同于传统的自上而下的环境管制措施，它可以通过市场力量和价格机制自发形成治霾降污的压力。城市间房地产市场是其中一个重要的载体。若公开的空气质量信息能对污染城市房价造成下行压力，这势必从经济层面上倒逼地方政府以更大力度进行环境整治。空气质量能影响城市房价的理论依据来自城市经济学经典的空间均衡模型，该模型认为城市间居住环境的差异将资本化地体现为房价的差异(Rosen, 1979; Roback, 1982; Blomquist et al., 1988; Gyourko and Tracy, 1991; Chen and Rosenthal,2008;Albouy, 2016)。这一结论成立的前提是居民可以"用脚投票"，自由选择居住地。我国自 20 世纪 80 年代以来人口流动持续活跃，不断推进的户籍制度改革使得户口对于劳动力转移的约束逐步减小，20 世纪 90年代开始全面展开的城镇住房制度改革使房地产市场已充分发育成熟，这些市场化的力量都推动着城市间房地产市场走向整合，使得地区间房价差异能反映居民对于居住环境的支付意愿(Zheng et al.,2009;郑思齐,2011)。

本章将利用 2010 年 6 月至 2016 年 11 月我国 96 个地级市月度房价面板数据以及通过卫星遥感技术得到的城市历史 PM2.5 浓度数据，在双重差分的研究框架下，考察信息空气质量在地区住房价格中的资本化程度。① 该方法的基本思路是：各城市先后公开 PM2.5 信息，一方面制造了同一个城市信息公开前后的差异，另一方面制造了同一个时点上公开城市与未公开城市的差异，基于这双重差异形成的估计不仅可以有效规避不随时间变化的城市特征

---

① 详见周梦天、王之:《空气质量信息公开会影响城市房价吗? ——基于我国各城市公开PM2.5 监测数据的自然实验》,《世界经济文汇》2018 年第 3 期。

对回归估计的干扰,而且可以有效控制其他同时期政策或事件的影响。研究发现,PM2.5浓度信息公开后,城市历史平均PM2.5浓度每升高100%,房价随之下降约0.8%。具体地说,信息公开后,污染最严重的城市相对于平均污染水平的城市房价下降了66.87元/平方米。进一步分析显示,信息公开对房地产市场具有长期效应,意味着PM2.5信息不是对城市房地产市场的短暂冲击,而是在公开后逐渐成为居民置业选择时参考的重要依据之一。本章还将研究公众对环境的关注度在其中所起的作用以及不同信息公开方式对不同类型城市影响的异质性。本书的创新点在于:第一,首次利用了PM2.5信息公开作为外生冲击,考察政府环境信息公开政策的经济影响;第二,空气质量通常内生于本地经济,这使得在估计空气质量经济价值时面临严重的内生性挑战,直接将空气质量对地区房价进行回归的特征价格估计(Hedonic Valuation Estimation)结果可能是有误的,本书在此类文献中首次利用信息披露作为识别来源,为克服内生性问题提供了一个解决方案。就政策意义而言,本书为评估环境信息公开政策的实施效果和社会意义提供了一个崭新的经济学视角,为转变环境治理理念、进一步加强环境信息公开透明提供了经济学实证基础。

第二节　空气质量和信息公开对
房价影响的文献综述

由于本章利用信息公开作为识别,考察空气质量在房价上资本化,第一次连接了空气质量对房价影响以及环境信息公开对房价影响这两个领域的文献。因此本部分将分别对这两类文献进行介绍。

第一类文献研究空气质量对房价的影响。合理估算空气质量的经济价值一直是环境经济学中一个重要的议题,也是环境保护政策制定的重要依据之一。由于空气质量本身没有公开的市场,通过考察其对房屋价值的影响可以间接估算出其经济价值(这一过程称为空气质量在房价上的资本化),因此大量文献致力于研究空气质量对房地产价格的影响。早期文献主要在"特征价格法"(Rosen,1974)的框架下,考察控制其他特征后地区间空气质量和房价的相关关系(Freeman,1974、1982、1993;Smith,1978;Bender et al.,1980;Brucato et al.,1990)。Smith and Huang(1995)对这批研究进行了较为全面的综述,并通过元分析得到空气质量对房价的影响弹性在-0.04到-0.07之间,即每单位(μg/m³)总悬浮颗粒物浓度下降将使得房价上涨0.05—0.10个百分点。国内文献运用该方法考察了在一个城市内部空气质量在房价上的资本化。Zheng and Kahn(2008)利用北京房价数据考察了各项公共品的资本化情况,其中作为空气质量指标的PM10浓度每增加一个单位(μg/m³),房价相应下降0.41个百分点。陈永伟和陈立中(2012)利用特征价格法对青岛市住房市场的研究发现,空气污染指数每降低一个单位,房价相应增长1.74%,换算成弹性值为1.356。但总的来说,多元回归的方法下,地区空气质量和房价将同时受到地区发展程度、经济活力等不可观测因素的影响,因此这类文献在识别上面临严峻的遗漏变量挑战。为了克服内生性问题,此类研究需要寻找影响空气的外生来源。Chay and Greenstone(2005)利用美国清洁空气法案作为一个准实验。该法案将空气污染超过临界值的地区界定为"未达标地区",它们被要求执行更严格的污染防治措施,因此空气质量改善幅度更大。文章利用是否为"未达标地区"作为该法案实施后地区空气污染程度的工具变量,同时采用断点回归、匹配以及随机系数模型估计等方法作为稳健性检验,研究发现空气中总悬浮颗粒物浓度每下降一个单位(μg/m³)会使得房价相应下降0.2—0.4个百分点,换算成弹性则在-0.20到-0.35之间,这一克服内生性后估计得到的影响远大于Smith and Huang(1995)。为了解决本地经济状况同时影响空气质量和房价的内生性问题,Bayer et al.(2009)利用来自远方城市的输入性空气污染作为本地空气质量的工具变量。Zheng et al.(2014)借鉴这一思想,利用上风位置城市烟尘排放量和与沙尘暴发源地距离刻画输入性空气污染强度,再加上以秦岭—淮河为界的"一刀切"集中供暖政策一起作为本地空气质量的工具变量,研究发现 2006—2009 年间,城市 PM10 浓度每下降 10% 将使得房价提高 7%。与此类文献的思路相似,本书同样利用了一个外生来源作为识别策略,但不同的是,本书的外生冲击并不影响实际空气质量,而是通过给予公众关于空气质量的信息,继而影响各地区的房地产市场。

另外一类与本书相关的文献研究居住环境信息公开对房地产市场的影响。在环境污染信息公开方面,与本书所研究的环保部推进 PM2.5 监测数据公开最为类似的现实案例是美国自 20 世纪 80 年代开始执行的有毒物质排放清单制度(Toxic Release Inventory Program)。该制度强制要求列入清单中的有毒物排放超过一定数量的企业向美国环保部上报排放情况,官方对这一数据进行收集、整理后向社会公众发布。这一政策希望信息可以作用于市场,通过市场自发调节的方式令企业将污染的负外部性内部化,从而替代相对而言成本高昂的环境行政规制手段,达到降污减排的效果。大量文献围绕这一政策考察了污染排放信息公开对于地区房地产市场价格的影响(Bui and Mayer,2003;Oberholzer-Gee and Mitsunari,2006;Gamper-Rabindran and Timmins,2013;Currie et al.,2015;Mastromonaco,2015)。除此之外,其他类型的居住环境信息公开在文献中也被作为理想的外生冲击,用来考察其对房价的影响。Pope(2008)利用美国罗利—杜罕国际机场强制要求周边住房市场中卖房者向购房者披露噪声信息作为准实验,研究发现该政策使得噪声污染严重的地区房价明显下降。Kuang(2017)利用美国最大的点评网站 Yelp 的普及作为外生冲击,发现随着餐馆口碑信息的公开易得,餐饮设施的质量成为解释地区间房价差异的一大因素。国内文献中,冯皓和陆铭(2010)利用上海市分批命名"实验性示范性高中"作为自然试验,发现学校质量信息的公开使得区域间教育资源数量和质量差异在房价上得到资本化体现。作为公众高度关注的空气质量信息,目前还没有文献对其可获得性进行经济学分析,而我国各地逐步推进的 PM2.5 信息公开工作,为这一主题的研究提供了理想的自然实验。

第三节　信息公开影响空气质量
经济价值的模型分析

如何利用信息公开作为外生冲击估计空气质量的经济价值？下文将从信息可得性的角度,通过一个简单的数理模型推导,阐述信息公开影响空气质量在房价中资本化的经济学逻辑。

假设城市的生活环境由 n 项可观测的城市特征 $z_1, z_2, \cdots, z_n$ 组成,例如气候舒适度、绿化覆盖率、文化娱乐设施数量等,令其中第 n 项城市特征为城市空气质量(如 PM2.5 浓度),并假设其不随时间变化。

假设居民效用由其所居住城市的生活环境和购买的商品 x(商品的价格设为 1)这两部分决定,因此效用是 $z_1, z_2, \cdots, z_n$ 以及 x 的函数。令家庭总收入为 y,在给定价格和预算约束下,家庭效用最大化问题可以表示如下:

$$\max_{z,x} U[\, x, z(z_1, z_2, \cdots, z_n)\,]$$
$$s.t.\ y = p(z) + x \tag{4-1}$$

其中 $p(z) = p(z_1, z_2, \cdots, z_n)$ 为房价的特征价格函数。为分析方便,假设特征价格函数为线性形式, $p(z) = \beta_{z_1} z_1 + \beta_{z_2} z_2 + \cdots + \beta_{z_n} z_n$。该式的含义为房价是居民对于各项城市环境支付意愿(willingness-to-pay)的加总,也可以表述为各项城市特征在房价上的资本化的总和。由 z_n 的一阶条件可以得到:

$$\frac{U_{z_n}}{U_x} = \frac{\partial p(z)}{\partial z_n} = \beta_{z_n} \tag{4-2}$$

因此 β_{z_n} 为空气质量的边际支付意愿(marginal willingness to pay),即居民在房价中愿意为空气质量提升一个单位所支付的金额, β_{z_n} 也是 z_n 对房价进行回归得到的系数。β_{z_n} 绝对值越大,表示居民对空气质量的支付意愿越强烈,空气质量在房价中的资本化程度越高。

与传统特征价格模型相比,本书的特殊之处在于居民缺乏空气质量 z_n 的准确信息。假设信息公开前后居民对空气质量的边际支付意愿 β_{z_n} 保持不变[①]。记信息公开前后的房价分别为 $p(z)_{t>t_0}$ 和 $p(z)_{t<t_0}$。信息公开前,居民可以通过身体反应或空气能见度等方式部分感知本地空气污染程度,此时,房价是居民根据推测的城市空气质量进行资本化结果。将居民推测的城市空气质量记为 $\tilde{z}_n$,即

$$\frac{\partial p(z)_{t<t_0}}{\partial \tilde{z}_n} = \beta_{z_n} \qquad (4-3)$$

信息公开后,居民根据真实空气质量进行资本化,真实空气质量记为 z_n^*,即

$$\frac{\partial p(z)_{t>t_0}}{\partial z_n^*} = \beta_{z_n} \qquad (4-4)$$

式(4-3)和式(4-4)表示,假设信息公开前后居民对空气质量的支付意愿保持不变,$\tilde{z}_n$(信息公开前居民推测的空气质量)和 z_n^*(真实的空气质量)分别对信息公开前后的房价进行回归,得到的系数应该均为 β_{z_n}。对于研究而言,居民推测的 $\tilde{z}_n$ 不可观测,而 z_n^* 可知。两者的关系可以表示如下:

$$z_n^* - \tilde{z}_n = e_n \qquad (4-5)$$

其中 e_n 为推测值与真实值之间的偏差,令 $E(e_n) = 0$。

由式(4-3)可知,对于信息公开前的房价,真实的回归模型应该为

$$p(z_n)_{t<t_0} = \beta_0 + \beta_{z_n}\tilde{z}_n + u \qquad (4-6)$$

由于 $\tilde{z}_n$ 的不可观测性,实际回归中利用真实的城市空气质量 z_n^* 对信息公开前的房价进行回归,其实是在估计

---

① 如果信息公开后居民的边际支付意愿明显增强,在同样的模型设定下通过简单的推理同样能得出空气质量资本化增强的结果。本书数理推导中忽略这一效应,仅分析信息可得性对房价资本化的影响。

$$p(z_n)_{t<t_0} = \beta_0 + \beta_{z_n} z_n^* + (u - \beta_{z_n} e_n) \tag{4-7}$$

为便于问题分析,假设 e_n 满足经典含误差变量假设(classical errors-in-variables assumption), $cov(\tilde{z}_n, e_n) = 0$,即假设居民推测的空气质量好坏与推测的偏差大小之间不相关。则有

$$cov(z_n^*, e_n) = E(z_n^* e_n) = E(\tilde{z}_n e_n) + E(e_n^2) = \sigma_{e_n}^2 \tag{4-8}$$

记信息公开前回归估计得到的系数为 $\hat{\beta}_{z_n}$,可得

$$plim(\hat{\beta}_{z_n}) = \beta_{z_n} + \frac{cov(z_n^*, u - \beta_{z_n} e_n)}{var(z_n^*)} = \beta_{z_n} - \frac{\beta_{z_n} \sigma_{e_n}^2}{\sigma_{\tilde{z}_n}^2 + \sigma_{e_n}^2} = \beta_{z_n} \frac{\sigma_{\tilde{z}_n}^2}{\sigma_{\tilde{z}_n}^2 + \sigma_{e_n}^2} \tag{4-9}$$

$$\beta_{z_n} - plim(\hat{\beta}_{z_n}) = \beta_{z_n} \frac{\sigma_{e_n}^2}{\sigma_{\tilde{z}_n}^2 + \sigma_{e_n}^2} \tag{4-10}$$

由式(4-9)可知, $\hat{\beta}_{z_n}$ 是 β_{z_n} 的有偏估计,并且推测的偏误波动越大,估计值的绝对值越小,向零趋近(即测量误差导致的衰减偏误)。信息公开后,公众依据可获得的真实空气质量情况在房价上体现支付意愿,因此不存在解释变量测量误差问题,估计得到的系数恰为 β_{z_n}。本书在实证中将 z_n 定义为 PM2.5 浓度,因此 β_{z_n} 为负值,故 $\beta_{z_n} - plim(\hat{\beta}_{z_n}) < 0$。由式(4-10)可知, β_{z_n} 绝对值越大,即居民对空气质量的边际支付意愿越强,信息公开前后系数的差异也越大。[①]

由以上模型分析,可以得到如下命题。

命题 1:信息公开将强化空气质量在房价上的资本化程度。

具体来说,将城市空气质量(以 PM2.5 浓度度量)对房价进行回归,这一系数的绝对值在信息公开后将明显增大。鉴于这一系数本身为负值,公开前

---

① 由式(4-10)还可以推出, $\sigma_{e_n}^2$ 越大,即推测偏误的波动越大(可以理解为缺乏信息时公众越难以准确地推测空气质量),信息公开前后系数的差异也越大。但由于尚未找到度量 $\sigma_{e_n}^2$ 的变量,实证中欠缺对于这一结论的检验,有待未来进一步研究。

后回归系数之差应显著为负。

命题2:空气质量支付意愿越强烈的地区,信息公开后空气质量资本化增强的幅度也越大。

从以上推导还可以发现,环境信息公开政策对房地产市场造成影响需要满足如下条件:(1)公众对于该项城市环境特征有明显的支付意愿($\beta_{z_n} \neq 0$);(2)在缺乏公开信息时,公众无法通过其他途径推测出实际的环境情况($\sigma_{e_n}^2 \neq 0$)。

第四节 信息公开影响空气质量资本化的数据和计量模型设定

本章的实证分析建立在双重差分(DID)的分析框架下,将各城市公开PM2.5监测数据作为自然实验,通过比较同一城市信息公开前后以及同一时间公开城市与未公开城市空气质量资本化的差异,研究信息公开对空气质量资本化的影响。

一、房价、空气质量和信息公开时间数据

1.房价数据

本章采用的房价数据是中国指数研究院发布的百城价格指数。该指数对全国100个主要城市的包括商品住宅、别墅、保障性住房在内的在售新房进行全样本监测,按月发布平均价格信息,是我国覆盖城市最多的房地产价格指数体系。其中地级以上城市96个,为本书的研究对象。该指数自2010年6月开始发布,2016年11月停止发布,覆盖了各地陆续公开PM2.5信息前后的全过程。由此,本书实证的数据结构是此期间全国96个地级以上城市的面板数据。

2. PM2.5 浓度数据

本章的实验设计旨在比较 PM2.5 信息公开前后空气质量在房价上资本化程度的差异，一个技术难点是如何获知信息公开前的 PM2.5 污染情况。由于我国各地 PM2.5 污染监测信息发布在近几年才完成，信息公开前缺乏官方PM2.5 浓度历史监测数据。为此，本书选择采用卫星遥感技术得到的历史PM2.5 浓度数据来度量城市的空气质量。

美国哥伦比亚大学社会经济数据与应用中心根据 NASA 卫星遥感测定的气溶胶光学厚度（AOD）计算出了 1998—2012 年间每三年全球 PM2.5 平均地表浓度的栅格地图。[①] 本书运用 QGIS 软件结合我国行政区域矢量图对全球PM2.5 栅格地图进行数据提取，得到了各地级市的 PM2.5 污染数据。本书将1998—2012 年各城市 PM2.5 地表浓度均值作为城市 PM2.5 污染程度的度量[②]，将 PM2.5 浓度视为不随时间变化的城市特征。

这样处理的好处是：首先，由卫星遥感数据计算得到的 PM2.5 浓度数据专业性高，对于公众而言为非公开信息，因此不会对官方信息公开的自然实验产生干扰；其次，采用长期污染水平作为度量能有效避免地方经济的冲击同时影响空气质量和房地产市场的内生性问题。

使用历史空气质量数据的一个重要前提是各城市相对污染程度跨时稳定。为验证地区间相对污染程度跨时稳定特点，表 4-1 展示了利用卫星遥感数据计算得到的 1998—2012 年间各时段全国地级市 PM2.5 浓度的相关性，发现相关系数均大于 0.9，呈高度相关。同时表 4-2 展示了利用《中国环境统计年鉴》数据计算的 2013—2015 年间全国地级市 PM2.5 浓度的相关性，各年间相关系数均大于 0.9，官方来源的数据同样印证 PM2.5 污染在地区间的相对稳定性。表中还展示了官方数据与卫星遥感数据之间的相关性，为 0.7 左右，说明这两套 PM2.5 数据可能存在系统性差异，因此本章在稳

---

① 数据下载地址：http://sedac.ciesin.columbia.edu/。
② 本书同样尝试了对更近的年份赋予更高权重的指标计算方法，发现其与均值高度相关，相关系数为 0.998，城市间相对污染程度的度量不受指标计算方法的影响。

健性检验中也利用信息公开后的官方 PM2.5 数据作为城市污染程度的替代度量。①

表 4-1　1998—2012 年间各时段全国地级市 PM2.5 浓度相关性

	p1	p2	p3	p4	p5	p6	p7	p8	p9	p10	p11	p12	p13
p1	1												
p2	0.972	1											
p3	0.954	0.989	1										
p4	0.948	0.975	0.992	1									
p5	0.943	0.962	0.980	0.994	1								
p6	0.930	0.949	0.968	0.984	0.994	1							
p7	0.935	0.950	0.967	0.981	0.990	0.996	1						
p8	0.925	0.949	0.969	0.983	0.990	0.993	0.994	1					
p9	0.920	0.944	0.965	0.981	0.989	0.991	0.991	0.998	1				
p10	0.907	0.925	0.945	0.967	0.978	0.985	0.983	0.984	0.989	1			
p11	0.905	0.913	0.933	0.958	0.973	0.982	0.981	0.980	0.983	0.995	1		
p12	0.916	0.926	0.945	0.967	0.980	0.987	0.987	0.988	0.987	0.990	0.993	1	
p13	0.915	0.934	0.955	0.971	0.980	0.984	0.985	0.989	0.987	0.974	0.976	0.991	1

注:p1—p13 分别表示 1998—2000 年、1999—2001 年、…、2010—2012 年。
数据来源:卫星遥感数据。

表 4-2　2013—2015 年间全国地级市 PM2.5 浓度相关性

	2013 年	2014 年	2015 年	历史均值
2013 年	1.0000	—	—	—
2014 年	0.9716	1.0000	—	—

① 这两套数据分别覆盖 2012 年以前和 2013 年以后,通过以上分析可知,同一套数据内部各时期相关性高而两套数据间相关系数略低,可以推测这种差异应为测量方法导致的系统性差异,而不是 2012—2013 年这一年间发生了突变。

	2013 年	2014 年	2015 年	历史均值
2015 年	0.9267	0.9401	1.0000	—
历史均值	0.7236	0.6909	0.6883	1.0000

注:2013—2015 年 PM2.5 浓度数据来源为《中国环境统计年鉴》,其自 2013 年开始将 PM2.5 纳入主要
    城市空气环境质量指标,2013—2015 年分别公布 74 个、113 个和 113 个城市信息。历史均值来自
    卫星遥感数据的 1998—2012 年 PM2.5 浓度均值。

需要指出的是,使用这一指标也存在潜在的问题。利用历史污染水平难以刻画 PM2.5 信息公开后地区间相对污染程度可能发生的变化,例如污染严重城市治霾压力相对更大[1],地区间空气质量差距可能呈现缩小的趋势,这样本书采用历史污染程度的方法将导致结果低估。

3. 信息公开时间

PM2.5 信息公开时间可以分为以下两种。

一是中国环境监测总站门户网站分别于 2013 年 1 月 1 日、2013 年 10 月 1 日、2014 年 1 月 1 日和 2015 年 1 月 1 日分四批开始对全国各地级市包括 PM2.5 信息在内的空气质量信息进行统一公开,本书通过对网站历史数据的梳理,整理出各城市首次在总站上公开信息的时间。本章考察的 96 个城市在这四个时间结点开始公布的城市数分别为 67 个、17 个、10 个和 2 个。

二是各城市实际公开 PM2.5 的时间。大量条件成熟的城市选择提前向公众披露 PM2.5 浓度信息,因此存在实际公开时间早于统一公开时间的情况。与分批统一发布的数据不同,地方提前发布的数据中许多为试验性监测数据,其信息发布的渠道一般为所在城市环保部门官方网站。本书通过搜索媒体报道的方式确定了所研究的 96 个城市首次公开 PM2.5 信息的时间。如果未搜索到该地级市首次公布 PM2.5 监测数据的相关报道,则默认为其没有

---

① 如环保部与各地签署《大气污染防治目标责任书》,对北京、天津、河北 PM2.5 年浓度考核目标为下降 25%,对山西、山东、上海、江苏、浙江确定了下降 20%的目标,对广东、重庆确定了下降 15%的目标,见 http://www.zhb.gov.cn/gkml/hbb/qt/201401/t20140107_266123.htm。

提前公布数据,其实际公开时间就是总站上的统一公开时间。其中75%的城市早于规定时间自行公布监测数据,后文将比较这两种信息公开方式对于不同城市房地产市场影响的差异。表4-3至表4-6为按统一公开批次罗列的本章考察的96个城市实际公开PM2.5监测数据的时间。

表4-3　第一阶段城市PM2.5监测数据实际公开时间(按公开先后排序)

统一公开时间:2013年1月1日					
序号	城市	实际信息公开时间①	序号	城市	实际信息公开时间
1	北京	2012年1月21日	35	佛山	2012年6月
2	厦门	2012年3月1日	36	江门	2012年6月
3	广州	2012年3月8日	37	惠州	2012年6月
4	深圳	2012年3月8日	38	东莞	2012年6月
5	上海	2012年3月10日	39	中山	2012年6月
6	杭州	2012年3月25日	40	金华	2012年6月4日
7	宁波	2012年3月25日	41	太原	2012年6月5日
8	温州	2012年3月25日	42	海口	2012年6月6日
9	嘉兴	2012年3月25日	43	西安	2012年7月1日
10	湖州	2012年3月25日	44	大连	2012年10月1日
11	绍兴	2012年3月25日	45	青岛	2012年10月1日
12	南京	2012年3月30日	46	福州	2012年11月1日
13	无锡	2012年3月30日	47	武汉	2012年11月3日
14	徐州	2012年3月30日	48	合肥	2012年11月30日
15	常州	2012年3月30日	49	台州	2012年12月
16	苏州	2012年3月30日	50	株洲	2012年12月1日
17	南通	2012年3月30日	51	湘潭	2012年12月
18	连云港	2012年3月30日	52	贵阳	2012年12月1日
19	淮安	2012年3月30日	53	长沙	2012年12月2日

---

① 各城市实际公开PM2.5的时间通过搜索媒体报道整理得到。其中部分观测值仅精确到月份,为报道中信息所限,但不影响本书基于月度数据的回归。极个别城市未搜索到相关媒体报道,则默认其未提前公开,实际公布时间即为其在环保总站上公开的时间。下同。

续表

序号	城市	实际信息公开时间	序号	城市	实际信息公开时间
统一公开时间:2013 年 1 月 1 日					
20	盐城	2012 年 3 月 30 日	54	郑州	2012 年 12 月 17 日
21	扬州	2012 年 3 月 30 日	55	济南	2012 年 12 月 20 日
22	镇江	2012 年 3 月 30 日	56	南宁	2012 年 12 月 24 日
23	泰州	2012 年 3 月 30 日	57	长春	2012 年 12 月 29 日
24	宿迁	2012 年 3 月 30 日	58	呼和浩特	2013 年 1 月 1 日
25	成都	2012 年 3 月 30 日	59	沈阳	2013 年 1 月 1 日
26	天津	2012 年 4 月 30 日	60	哈尔滨	2013 年 1 月 1 日
27	石家庄	2012 年 6 月 1 日	61	南昌	2013 年 1 月 1 日
28	唐山	2012 年 6 月 1 日	62	重庆	2013 年 1 月 1 日
29	秦皇岛	2012 年 6 月 1 日	63	昆明	2013 年 1 月 1 日
30	邯郸	2012 年 6 月 1 日	64	兰州	2013 年 1 月 1 日
31	保定	2012 年 6 月 1 日	65	西宁	2013 年 1 月 1 日
32	廊坊	2012 年 6 月 1 日	66	银川	2013 年 1 月 1 日
33	衡水	2012 年 6 月 1 日	67	乌鲁木齐	2013 年 1 月 1 日
34	珠海	2012 年 6 月	——	——	——

表 4-4　第二阶段第一批城市 PM2.5 监测数据实际
公开时间(按公开先后排序)

序号	城市	实际信息公开时间	序号	城市	实际信息公开时间
统一公开时间:2013 年 10 月 1 日					
1	包头	2013 年 10 月	10	日照	2012 年 12 月 20 日
2	鄂尔多斯	2013 年 10 月	11	德州	2012 年 12 月 20 日
3	营口	2013 年 10 月	12	聊城	2012 年 12 月 20 日
4	泉州	2013 年 10 月	13	菏泽	2012 年 12 月 20 日
5	淄博	2012 年 12 月 20 日	14	汕头	2013 年 1 月 1 日
6	东营	2012 年 12 月 20 日	15	柳州	2012 年 9 月
7	烟台	2012 年 12 月 20 日	16	北海	2013 年 6 月 5 日

统一公开时间：2013 年 10 月 1 日					
序号	城市	实际信息公开时间	序号	城市	实际信息公开时间
8	潍坊	2012 年 12 月 20 日	17	宝鸡	2013 年 1 月
9	威海	2012 年 12 月 20 日	—	—	—

表 4-5　第二阶段第二批城市 PM2.5 监测数据实际
公开时间（按公开先后排序）

统一公开时间：2014 年 1 月 1 日					
序号	城市	实际信息公开时间	序号	城市	实际信息公开时间
1	鞍山	2014 年 1 月 1 日	6	宜昌	2013 年 11 月
2	吉林	2014 年 1 月 1 日	7	湛江	2014 年 1 月 1 日
3	芜湖	2014 年 1 月	8	桂林	2013 年 10 月
4	马鞍山	2013 年 10 月 30 日	9	三亚	2013 年 10 月
5	洛阳	2014 年 1 月 1 日	10	绵阳	2013 年 10 月 1 日

表 4-6　第三阶段城市 PM2.5 监测数据实际
公开时间（按公开先后排序）

统一公开时间：2015 年 1 月 1 日					
序号	城市	实际信息公开时间	序号	城市	实际信息公开时间
1	赣州	2015 年 1 月 1 日	2	新乡	2013 年 10 月

变量描述性统计见表 4-7。

表 4-7　房价和 PM2.5 描述性统计

变量	观测值	均值	标准差	最小值	最大值
房价（元/m²）	7458	8358.34	5407.788	2787	55150
PM2.5（μg/m³）	96	52.331	22.620	10.419	96.485

二、信息公开影响空气质量资本化的实证模型

本章的实证模型如下：

$$\ln(hp)_{c,t} = \alpha \times post_{c,t} \times \ln(\text{PM2.5})_c + \beta \times \ln(\text{PM2.5})_c \times trend_t +$$

$$\gamma_c + \delta_t + \lambda_{p,y} + \varepsilon_{c,t} \tag{4-11}$$

其中下标 c 和 t 分别表示城市以及月度时期。$\ln(hp)_{c,t}$ 为城市 c 第 t 期房价的对数，是本书的被解释变量。$post_{c,t}$ 是代表信息公开与否的虚拟变量，若城市 c 于第 t 期已公开发布 PM2.5 监测数据，则值为 1，否则为 0。如前文介绍的，公开发布的定义分为统一发布与实际发布两种。$\ln(\text{PM2.5})_c$ 为城市 c 从 1998—2012 年的历史平均 PM2.5 浓度值的对数。$post_{c,t}$ 与 $\ln(\text{PM2.5})_c$ 两者的交互项系数 α，反映了 PM2.5 监测数据公开前后空气质量在房价上资本化程度的差异，是本书主要关心的系数。若 α 为负，则说明污染严重的城市相对于空气清洁城市在信息公开后房价呈现下行的趋势，即信息公开增强了空气质量在房价上的资本化程度。$trend_t$ 表示月度期数，2010 年 6 月为起始时期，记为 1，其后每月增加 1，月度期数与 PM2.5 浓度的交互项控制了空气质量在房价上资本化的时间趋势。模型通过 γ_c 和 δ_t 分别控制城市固定效应和月度时间固定效应，分别消除不随时间变化的城市特征和同一时间全国性冲击对城市当期房价的影响，该设计等价于面板数据双向固定效应估计。$\lambda_{p,y}$ 为省份×年份固定效应，用于控制各省份宏观因素对楼市的影响。$\varepsilon_{c,t}$ 为其他不可观测的因素。需要说明的是，由于缺乏 2016 年的城市层面年度统计数据，本章基准回归中未能控制本地经济状况、人口、产业结构等其他影响房价的变量。在稳健性检验中，我们将尝试剔除 2016 年样本，加入人均地区生产总值①、人口密度和非农产业占 GDP 比重作为控制变量，城市特征数据来自历年《中国城市统计年鉴》。

---

① 《中国城市统计年鉴》2013 年的人均 GDP 数据与其他年份对比存在明显跳跃，此年份利用 CEIC 数据库中的数据进行替代。经比对，CEIC 其余年份人均 GDP 数据与《中国城市统计年鉴》中一致。

第五节　信息公开影响空气质量
资本化的实证结果

一、信息公开影响空气质量资本化的基准回归

　　面板数据假设不同城市间扰动项相互独立,但无法排除同一城市不同时期间扰动项相关,因此本章采用按城市聚类的稳健标准误克服以上问题,下文均为将标准误按城市聚类后的结果。表4-8和表4-9中第(1)列分别呈现了两类信息公开方式的基准回归结果。两列的结果显示,无论是按环境监测总站分批统一公开的时间还是按各个城市实际公开的时间进行定义,信息公开虚拟变量与空气污染的交互项系数均显著为负,即PM2.5信息的公布明显使得空气质量在房价上的资本化得到强化,命题1得到验证。具体而言,信息公开后,城市间PM2.5浓度每上升100%,房价相应降低0.7%—0.8%,更形象地,比较污染程度处于全国平均水平的城市和全国污染最严重的城市,信息公开使得后者房价相较前者降低58.5—66.87元/平方米。ln(PM2.5)×月度期数这一趋势项的系数为正,说明空气污染严重的城市房价上涨的幅度更大,这与大城市PM2.5污染更为严重而同时近年来房价快速增长的现象一致。表4-8和表4-9中第(2)列和第(3)列在第(1)列的基础上逐步加入以月度期数平方和三次方形式刻画的时间趋势项,结果发现控制形式更加灵活的时间趋势项后,信息公开对于空气质量房价资本化的影响系数基本维持稳定,结果稳健。

　　需要说明的是,城市信息公开的时间不是完全随机的,省会城市、污染严重的城市和经济发达的城市无论是在环保部的统一要求下还是在城市实际操作中,都相对更早地发布了PM2.5数据,同时居住在这些城市的居民也极可能是空气质量支付意愿更强的群体。因此,在这些城市公开后而其他城市尚未公开的时间段内,信息公开城市相对于未公开城市PM2.5在房价上资本化程度更高,这一现象可能是由信息公开先后的选择性导致的,而非信息公开本

身的作用,这是本书试验设计中潜在的内生性问题。好的方面是,本章 DID 结果不仅包含了同一时点上公开城市与未公开城市空气质量资本化差别,而且包含了同一个城市公开前后的差别,而后者不受城市信息公开时点内生性的影响。

尽管与相关文献所选择的指标不同(已有文献主要采用总悬浮颗粒物浓度、PM10 浓度指标,还未采用过 PM2.5 这一指标研究空气质量对房价的影响),但依然可以从比例上将本书结果与其他类似的研究进行比较。本书的影响弹性低于 Smith and Huang(1995)、Chay and Greenstone(2005)、Zheng et al.(2014)及陈永伟和陈立中(2012)的研究。影响弹性相对较小的原因是本书的结果仅表示通过信息公开这一外生冲击造成的局部影响,而不能代表整体空气质量在房价上的资本化,例如不排除信息公开之前通过居民体验得到的空气质量评价已经部分反映在房价中。

表 4-8 信息公开影响空气质量资本化的基准
回归结果 1(按分批统一公开定义)

解释变量	被解释变量:ln(房价)		
	(1)	(2)	(3)
公开×ln(PM2.5)	−0.008 *** (0.002)	−0.008 *** (0.002)	−0.008 *** (0.002)
ln(PM2.5)×月度期数	0.002 * (0.001)	0.002 (0.002)	0.001 (0.004)
ln(PM2.5)×(月度期数)^2	—	2.39e−06 (2.74e−05)	9.75e−06 (0.0001)
ln(PM2.5)×(月度期数)^3	—	—	−6.11e−08 (8.31e−07)
城市固定效应	是	是	是
时间固定效应(月度)	是	是	是
省份×年份固定效应	是	是	是
观测值	7458	7458	7458
R^2	0.984	0.984	0.984

注:系数下方括号内的值为按城市聚类的稳健标准误。*** 、** 、* 分别表示在 1% 、5%、10%水平上显著。

表 4-9　信息公开影响空气质量资本化的基准
回归结果 2（按实际公开定义）

解释变量	被解释变量：ln（房价）		
	（1）	（2）	（3）
公开×ln（PM2.5）	−0.007*** （0.002）	−0.007*** （0.002）	−0.007*** （0.002）
ln（PM2.5）×月度期数	0.002* （0.001）	0.002 （0.002）	0.002 （0.004）
ln（PM2.5）×（月度期数）^{2}	—	4.33e−07 （2.76e−05）	−2.78e−06 （0.0001）
ln（PM2.5）×（月度期数）^{3}	—	—	2.67e−08 （8.39e−07）
城市固定效应	是	是	是
时间固定效应（月度）	是	是	是
省份×年份固定效应	是	是	是
观测值	7458	7458	7458
R^2	0.984	0.984	0.984

注：系数下方括号内的值为按城市聚类的稳健标准误。***、**、*分别表示在 1%、5%、10% 水平上显著。

二、不同信息公开方式对不同类型城市影响的异质性

分批统一公开和实际公开这两种信息公开方式可能对不同类型的城市影响存在差异：对于全国重点关注的城市如北京、上海、广州、深圳等大城市以及京津冀地区雾霾污染严重的城市，它们单独提前披露的 PM2.5 监测数据往往通过媒体宣传产生广泛的社会影响；而对于其他城市，其在当地环保部网站提前发布的数据信息影响力较弱，而通过中国环境监测总站集体发布的信息则更容易让大众知晓，从而影响房地产市场。

表 4-10　不同信息公开方式对不同类型城市影响的异质性

解释变量	被解释变量:ln(房价)			
	第一批城市		第二批城市	
	(1)	(2)	(3)	(4)
分批统一公开×ln(PM2.5)	0.115* (0.066)	—	-0.007** (0.003)	—
实际公开 ×ln(PM2.5)	—	-0.005* (0.002)	—	-0.006 (0.005)
ln(PM2.5)×月度期数	0.001 (0.002)	0.003* (0.002)	-0.0002 (0.001)	-0.0003 (0.001)
城市固定效应	是	是	是	是
时间固定效应(月度)	是	是	是	是
省份×年份固定效应	是	是	是	是
观测值	5196	5196	2106	2106
R^2	0.984	0.984	0.986	0.986

注:系数下方括号内的值为按城市聚类的稳健标准误。***、**、*分别表示在1%、5%、10%水平上显著。

为了验证以上猜想,本章将样本中的第一批城市和第二批城市在两种信息公开方式下分别进行回归①。第一批城市为京津冀、长三角、珠三角等重点区域以及直辖市和省会城市,即猜想中单独公布即可以受到广泛关注的城市。表4-10第(1)列显示②,本书关心的交互项系数为正,说明在监测总站统一公开PM2.5信息对于第一批城市房价没有产生加强资本化影响,而第(2)列中显示,如果考虑城市单独提前发布的情况,按照实际公开的时点定义,PM2.5信息公开使得这些空气质量资本化的效果明显增强。这两个结果说明,对于

①　样本中第三批城市过少,仅有2个,因此不对其进行单独分组考察。
②　第一批城市统一公开的时点一致(均为2013年1月1日),因此第(1)列回归实际上是一个一阶差分,仅能比较城市公开前后的差异,而不能比较同一时间公开城市和未公开城市的差异。

第一批城市,PM2.5 信息在公布伊始就获得了足够关注,并反映在房地产市场价格上;而到统一公开的时点上,这一信息已经得到充分消化,因此没有产生加强资本化的效果。如前文猜想,两种信息公开方式对第二批城市影响则恰恰相反。第二批城市多为中小城市,在全国影响力较弱。表 4-10 第(3)和(4)列分别显示,对于这些城市,PM2.5 信息在全国环境监测总站统一公开使得空气质量的资本化显著增强,而如果将提前公布的情况考虑在内,利用城市实际信息公开的时点进行定义,则发现信息公开未对房价产生明显影响,进一步验证了前文的猜想。

三、信息公开中公众关注度的作用

由前面可知,居民对空气质量越重视,即支付意愿越强烈,信息公开对房价产生的影响也相应越强。为了验证命题 2,本书需要构建各城市对 PM2.5 关注程度的指标。进入 21 世纪以来,由于互联网的普及,网络越来越成为大众获取信息的重要途径。国内外学者近年来纷纷采用搜索引擎提供的数据度量公众对于特定领域的关注程度。Kahn and Kochen(2011)以及郑思齐等(2013)利用谷歌网站提供的 Google Insights、Google Trends 和 Google Search 等功能构造了各地区公众对环境关注程度的指标。与之类似,本书选择全球最大的中文搜索引擎百度提供的百度指数进行指标的构建[①]。百度搜索指数反映了各地区在一段时间内特定关键词在百度网站上搜索量的变化趋势,该指数在空间上和时间上均可比。图 4-1 展示了全国范围内"PM2.5"一词的搜索趋势。从图中可以发现,"PM2.5"搜索量具有明显的季节特征,每年 12 月至次年 1 月间为搜索高峰,其余月份搜索量较低,因此本书选择各城市信息公开前搜索指数的峰值来刻画公众关注度。之所以选择信息公开前的数据,是因为其是前定变量,不受信息公开这一事件的影响,反映了居民事先

---

① 谷歌网站于 2010 年 3 月将搜索服务退出内地市场,在我国搜索引擎市场的占有率快速下降和萎缩,因此不适合本书 2010 年开始的研究内容。

对空气质量的重视程度。为消除搜索指数的人口规模效应,本书进一步将搜索指数峰值除以 2010 年城市人口数量(人),作为公众关注度指标的具体度量。图 4-2 至图 4-4 分别展示了北京、上海和广州三地信息公开前的搜索情况。

在基准回归的基础上,进一步加入是否公开虚拟变量、污染程度和公众关注度三者的交互项。表 4-11 第(1)列和第(2)列分别是按分批统一公开和实际公开定义公开时点的回归结果。结果显示,两列中三重交互项的系数均为负数,在第(1)列中该系数虽然不显著,但 p 值较小,为 13.8%。这一结果说明,事前对于 PM2.5 关注程度越高的城市,信息公开对其房地产市场的影响越大。命题 2 得到验证。

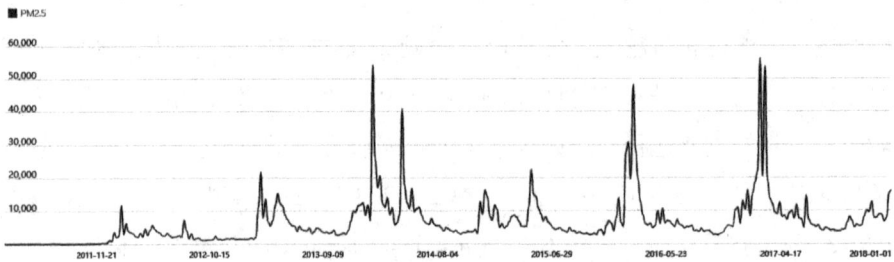

图 4-1　全国"PM2.5"关键词搜索趋势(2011 年 1 月至 2018 年 1 月)

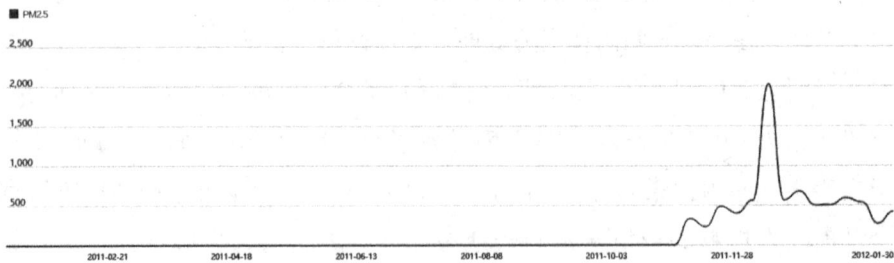

图 4-2　北京市信息公开前"PM2.5"关键词搜索趋势(2011 年 1 月至 2012 年 1 月)

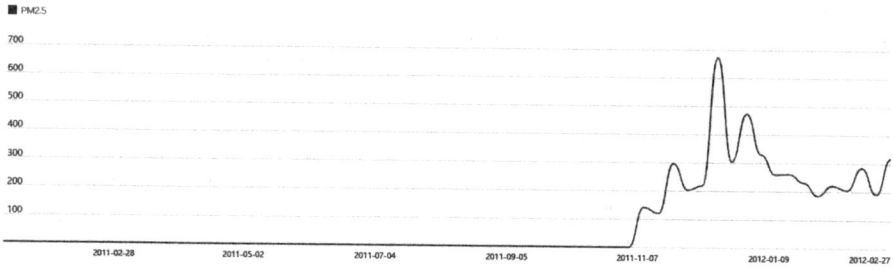

图 4-3　上海市信息公开前"PM2.5"关键词搜索趋势(2011 年 1 月至 2012 年 3 月)

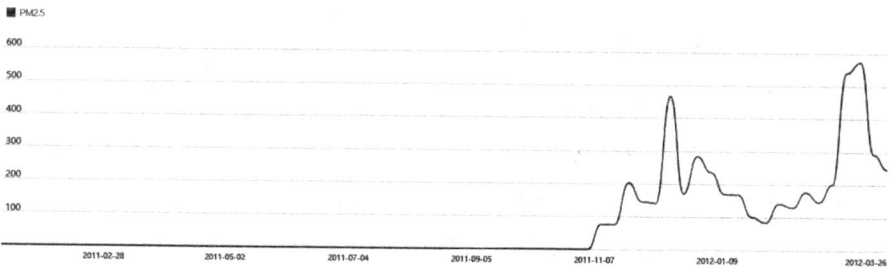

图 4-4　广州市信息公开前"PM2.5"关键词搜索趋势(2011 年 1 月至 2012 年 3 月)

图表来源:百度指数网站。

表 4-11　公众关注度的作用

解释变量	被解释变量:ln(房价)	
	分批统一公开	实际公开
	(1)	(2)
公开×ln(PM2.5)×公众关注度	−21.73 (14.65)	−48.74*** (15.01)
公开×ln(PM2.5)	−0.007*** (0.001)	−0.005*** (0.001)
ln(PM2.5)×月度期数	0.002*** (0.0002)	0.002*** (0.0002)
城市固定效应	是	是
时间固定效应(月度)	是	是

续表

解释变量	被解释变量：ln（房价）	
	分批统一公开	实际公开
	（1）	（2）
省份×年份固定效应	是	是
观测值	7458	7458
R^2	0.984	0.984

注：系数下方括号内的值为按城市聚类的稳健标准误。***、**、* 分别表示在1%、5%、10%水平上显著。

四、信息公开的长期影响

为了考察 PM2.5 信息公开对房地产市场的长期影响，本书进一步增加信息公开后每个半年的虚拟变量，将其与城市 PM2.5 污染程度相乘，取代基准回归中信息公开与污染程度的交互项，用来考察信息公开后各时段空气质量资本化的程度。实际公开第五个半年后的样本量较少，将它们统一分为一组设置虚拟变量。基准对照组为信息公开前的所有时期，因此各时段交互项系数的含义为此时段相较于信息公开前空气质量资本化的程度。

表4-12 第（1）列和第（2）列的结果均显示，无论何种披露方式，PM2.5 监测信息公开后，空气质量在房价上的资本化逐期增强，最后收敛于一个稳定的水平。这一结果显示，公开 PM2.5 监测数据对于房地产市场不是一个短期冲击，而在根本上影响了公众对于各城市居住环境的评价，从而使得 PM2.5 指标成为长期影响城市间房地产市场体系一个不容忽视的因素。

表4-12 信息公开的长期影响

解释变量	被解释变量：ln（房价）	
	分批统一公开	实际公开
	（1）	（2）
公开后第一个半年×ln（PM2.5）	−0.006*** （0.002）	−0.006*** （0.001）

解释变量	被解释变量：ln（房价）	
	分批统一公开	实际公开
	（1）	（2）
公开后第二个半年×ln（PM2.5）	−0.010*** （0.003）	−0.010*** （0.001）
公开后第三个半年×ln（PM2.5）	−0.013** （0.006）	−0.014*** （0.002）
公开后第四个半年×ln（PM2.5）	−0.015** （0.007）	−0.017*** （0.002）
公开后第五个半年×ln（PM2.5）	−0.016* （0.009）	−0.018*** （0.002）
公开后第五个半年后×ln（PM2.5）	−0.017 （0.011）	−0.018*** （0.003）
ln（PM2.5）×月度期数	0.002 （0.001）	0.002*** （0.0002）
观测值	7458	7458
R^2	0.984	0.984

注：系数下方括号内的值为按城市聚类的稳健标准误。***、**、* 分别表示在1%、5%、10%水平上显著。基准组为信息公开前的时期。

第六节　信息公开影响空气质量
资本化的稳健性检验

一、控制一二三线城市不同的房价趋势

一二三线城市楼市发展明显分化是近年来我国房地产市场的一个重要特征。为了控制这种房价趋势的明显差异，本书将为样本中的一线和二线城市分别设置时间趋势项，以三线城市的时间趋势作为基准组（城市划分标准见表4-13注）。表4-13和表4-14的第（1）列分别按分批统一公开时间和实际公开时间定义的回归结果,结果显示在控制了不同城市差异化的房价趋势后,信息公开依旧对房地产市场产生明显的影响。同时一线城市房价趋势的系数大于二线城市,且都显著为正,印证了我国楼市一线城市领跑、城市间房价走势明显分化的结构特点。

二、采用官方 PM2.5 数据

本书采用利用卫星遥感数据计算得到的长期历史 PM2.5 浓度作为城市污染程度的度量。但实际上,信息公开后,公众对于城市污染程度的认知依赖于官方公布的监测数据。城市 PM2.5 浓度官方数据与历史卫星遥感数据的相关系数为 0.7 左右,存在一定的系统性差异①。有鉴于此,本部分稳健性检验采用官方公布的 PM2.5 浓度信息对城市污染程度进行度量,更接近实际中公众接受信息的真实情况。

由于 2015 年是 PM2.5 纳入空气质量评价标准后所有地级市全部实现数据公布的第一个年份,为了保证数据的覆盖全面性和一致性,本书采用各城市 2015 年 PM2.5 年平均浓度替代原 PM2.5 浓度指标,进行稳健性检验。由城市间官方 PM2.5 浓度数据跨年度间的高度相关性,可以认为本书采用 2015 年这一年的数据对城市间相对污染程度进行衡量是合理的。官方 PM2.5 数据来自国际环保组织"绿色和平"发布的《2015 年度中国 366 座城市 PM2.5 浓度排名》,该排名中的年度 PM2.5 平均浓度是利用中国环境监测总站每小时数据平均后计算得到的。

表 4-13 和表 4-14 的第(2)列采用官方 PM2.5 浓度数据替代历史数据重复基准回归,回归结果显示,信息公开的影响同样显著,并且系数与基准回归非常接近,说明按照公众实际获得的污染信息衡量各城市空气质量,同样能观察到信息公开显著增强空气质量资本化的效应。

① 两套数据没有重合的年份,不具有直接可比性。就衡量城市间相对污染程度而言,两套数据内各时段间非常稳定,而两套数据间存在系统性差异。这种差异主要是由测量方法不同导致的,前者为通过 AOD 浓度间接测量的方法,而后者为空气实际监测数据。

三、加入城市特征作为控制变量

数据部分介绍,由于受 2016 年城市层面数据可得性的限制,基准回归中未能加入城市特征控制变量。在本部分的稳健性检验中,本书剔除 2016 年的观察值,进而加入各年度人均 GDP、人口密度和第二、第三产业占 GDP 比重这些影响房价的城市特征作为控制变量。表 4-13 和表 4-14 的第(3)列的回归结果显示,加入更多的城市控制变量后,回归的拟合优度(R^2)得到提高,达到 0.99,说明加入这些控制变量后的模型更好地刻画了城市房价的变化趋势。同时,本书关心的系数即信息公开后空气质量的资本化系数符号和显著性不变,但绝对值下降至 0.004—0.005,降幅接近一半。这一方面可能是基准回归中未对其他影响房价的因素进行控制,导致了结果的高估;另一方面前文动态效应显示,空气质量资本化随着时间的推进而增强,因此舍弃了 2016年样本使得平均效应的估计减小。但总的来说,信息公开的影响依旧稳健存在。

表 4-13　信息公开影响空气质量资本化的稳健性检验 1
(按分批统一公开定义)

解释变量	被解释变量:ln(房价)		
	(1)	(2)	(3)
公开×ln(PM2.5)	-0.008*** (0.002)	-0.008*** (0.002)	-0.005*** (0.002)
ln(PM2.5)×月度期数	0.002* (0.001)	0.002* (0.001)	0.001 (0.0008)
一线×月度期数	0.005** (0.002)	—	—
二线×月度期数	0.002** (0.0009)	—	—
城市特征	—	—	是
城市固定效应	是	是	是
时间固定效应(月度)	是	是	是

续表

解释变量	被解释变量:ln(房价)		
	(1)	**(2)**	**(3)**
省份×年份固定效应	是	是	是
观测值	7458	7458	6402
R^2	0.985	0.984	0.990

注:系数下方括号内的值为按城市聚类的稳健标准误。***、**、* 分别表示在 1%、5%、10% 水平上显著。一线、二线分别为代表一线城市和二线城市的虚拟变量,其中一线城市为北京、上海、广州和深圳,二线城市为天津、杭州、南京、济南、重庆、青岛、大连、宁波和厦门。模型(1)中三线城市的时间趋势为基准组。模型(2)中 PM2.5 浓度采用 2015 年官方公布数据的年度平均值。模型(3)中城市特征包括:人均 GDP 的对数,人口密度,第二和第三产业占 GDP 比重。

表 4-14　信息公开影响空气质量资本化的稳健性检验 2(按实际公开定义)

解释变量	被解释变量:ln(房价)		
	(1)	**(2)**	**(3)**
公开×ln(PM2.5)	-0.006^{***} (0.002)	-0.007^{***} (0.002)	-0.004^{**} (0.002)
ln(PM2.5)×月度期数	0.002^{*} (0.001)	0.002^{*} (0.001)	0.001 (0.001)
一线×月度期数	0.005^{**} (0.002)	—	—
二线×月度期数	0.002^{**} (0.001)	—	—
城市特征	—	—	是
城市固定效应	是	是	是
时间固定效应(月度)	是	是	是
省份×年份固定效应	是	是	是
观测值	7458	7458	6402
R^2	0.985	0.984	0.990

注:系数下方括号内的值为按城市聚类的稳健标准误。***、**、* 分别表示在 1%、5%、10% 水平上显著。一线、二线分别为代表一线城市和二线城市的虚拟变量,其中一线城市为北京、上海、广州和深圳,二线城市为天津、杭州、南京、济南、重庆、青岛、大连、宁波和厦门。模型(1)中三线城市的时间趋势为基准组。模型(2)中 PM2.5 浓度采用 2015 年官方公布数据的年度平均值。模型(3)中城市特征包括:人均 GDP 的对数,人口密度,第二和第三产业占 GDP 比重。

第七节 空气质量信息公开政策的
影响评估及政策含义

2012—2015 年短短三年间,在环保部统一安排下,我国的 PM2.5 监测数据实现了从缺乏监测到覆盖全国所有地级市每小时实时联网上报公开,极大保障了公众对于空气质量的知情权,在我国环境信息公开的进程中具有里程碑意义。

本章首次以各城市陆续公开 PM2.5 监测数据作为一个自然实验,利用 96 个城市 2010 年 6 月至 2016 年 11 月期间的月度房价数据和历史 PM2.5 浓度卫星遥感数据,考察空气质量在房价上体现的经济价值。本章的主要发现有以下四点。第一,空气质量在我国房地产市场上已经体现出明显的经济价值。信息公开后,城市 PM2.5 浓度每增加 100%,房价相应下降约 0.8%。说明 PM2.5 作为城市间可比且公众极易获得的量化环境信息,其公开对于跨地区房地产价格差异产生了显著的影响。第二,不同信息公开方式对于不同城市的作用效果存在异质性。对于有全国影响力的城市,其单独提前公布的 PM2.5 信息由于广泛的媒体宣传或者极高的社会关注度,在公布伊始就在房地产市场上得到反映并消化。相比之下,中小城市在本地平台提前公布的信息收效甚微,空气质量信息只有在通过中国环境监测总站分批集中发布后才对房地产市场产生相应的影响。这意味着,为了使环境信息更好地为公众所认知,选择有效的信息披露方式至关重要。第三,在公众对环境问题关注度越高的城市里,空气质量信息公开对其房地产市场的影响越大。这说明,环境信息公开造成的经济影响大小依赖于本地民众对环保的初始认知程度的高低,这为地方政府在考量信息公开的潜在影响时提供了一个参考依据。第四,PM2.5 信息公开对地区房价差异的影响是长期的,这一影响在公开时点之后影响稳步提高并收敛于一定稳定水平,说明 PM2.5 对于社会而言不是一个短期的新闻冲击,而已经逐步深入公众的思想观念,成为衡量城市生活质量、影响地区间房地产市场格局的重要指标。这一结论进一步强化了环境信息公开对于房地产市场的深远意义。

习近平总书记 2017 年 7 月在省部级主要领导干部专题研讨班上的重要讲话中,将污染防治与化解重大风险、精准脱贫并列为全面建成小康社会面临的三大攻坚战。在社会公众对于环境的诉求越发强烈的当下,本章的发现对打赢污染防治攻坚战具有一定政策含义:环境信息公开政策可以通过市场调节机制自发产生污染治理动力。我国政府作为环境治理的主要执行者,环境经济学和政治经济学相关文献中一直将环境治理与地方经济增长作为地方官员需要权衡的两个目标。本书通过研究发现,随着公众的环境意识日益增强,其对优质空气的需求已经形成明显的支付意愿,PM2. 5 信息公开显著增加其在房价中的资本化程度就是其中的一个写照。房地产作为地区经济的重要引擎,信息公开加强了环境在其中的资本化体现,意味着即使不将环境治理直接纳入地方官员晋升考核指标体系,他们出于经济目标的考虑,也会自发形成城市环境治理的动机。本章内容为这一环境治理机制的可行性提供了初步证据,而环境信息公开通过市场机制倒逼环境治理的实际效果,有待未来更多的研究。

结论及未来展望

本书借鉴 Gabriel and Rosenthal(2004)和 Chen and Rosenthal(2008)的方法,将空间均衡模型运用于计算我国城市的商业环境与生活质量,从经济学视角度量了城市环境。在此基础上,本书结合个体在城市间的迁移行为,考察了我国人口迁移动因。进一步,本书以空气质量为例,利用实验设计考察了具体城市宜居特性的经济价值。

人口流动是为了更好的工作还是更好的生活?这是国内外文献一直热衷研究的话题。这一问题的答案一方面可用来预测未来人口流向,另一方面对如何打造城市以吸引人口流入有重要意义。本书的研究思路是,首先量化各城市的商业环境(更好的工作机会)和生活质量(更好的生活环境);其次结合人口在城市间实际的迁移方向,通过比较迁移前后在以上两个维度上城市环境的差异,揭示出人口流动究竟是提高了工作机会还是改善了生活质量。人们对于居住环境的需求除了"用脚投票",还会明显反映在地区房价差异上,这一差异即环境的经济价值。但考察特定城市环境的经济价值,通常面临严峻的遗漏变量挑战。本书以空气质量为例,利用政策外生冲击,在双重差分的框架下考察了特定城市环境在房价上的资本化。

本书的主要结论有如下几点。

1. 根据空间均衡理论,利用城市工资和房价计算了我国 2000 年 258 个地级以上城市的生活质量和商业环境指数,发现两者呈现明显的负相关(相关系数为-0.85)。生活质量指数更高的地区拥有宜人的气候和充足的人均教育资源,沿海、靠近大城市、人口集聚程度高、人力资本水平高和享有政策优惠的城市商业环境指数更高,这些结论均与以往文献和现实情况相吻合,印证了空间均衡模型在我国的适用性。另一个显著特征是,沿海城市商业环境指数较高,但生活质量指数较低,内陆城市则相反,其商业环境指数较低而生活质量指数较高。本书认为生活质量指数结果背后反映了流动人口就业和置业空间分离的特点。具体而言,我国 2000 年的城市生活质量结果显示,作为人口输出地的内陆城市房价高于当地工资水平,而沿海城市作为流动人口的务工地,其较高的工资水平却没有同比例推高本地房价。这是因为,流动人口难以在流入地定居,他们往往在沿海城市赚取收入返乡置业,从而推涨了人口输出地的房价水平。本书利用一系列证据印证了以上解释。首先,在城市层面,吸纳流动人口越多的沿海城市其工资对房价的助推作用越弱,而输出流动人口越多的城市,房价高出本地工资水平的幅度越大;其次,在个体层面,本书利用国家卫生和计划生育委员会 2015 年全国流动人口动态监测调查数据研究发现,在控制其他个人特征和收入的情况下,流动人口在本地的住房消费率明显低于户籍人口,并且在本地长期居住的意愿越低,住房消费率也越低。

2.结合计算得到的城市生活质量和商业环境指数以及 2000 年第五次人口普查中微观个体城市间迁移信息,本书在生命周期上考察了人口的迁移方向。研究发现由户籍状态划分出了两种截然不同的迁移模式:难以享受流入地公共服务的非户籍移民(占比为 83%)集中迁往商业环境指数更高的城市,其间忍受了生活质量的下降,即呈现以工作机会为导向的迁移模式,这种倾向随着年龄增长而下降。与此相反,迁移后拥有当地户籍的移民(占比为 17%,其中大部分为返迁的流动人口)从商业环境更优的城市流出,迁往生活质量指数更高的城市,这一倾向在 40 岁以后不断强化,其迁移动因为获取公共服务均等化的机会。本书认为这一现象反映了户籍制度下我国"人户分离"、人口流出—返迁的"钟摆型"迁移模式:中西部地区的流动人口年轻时前往沿海城市谋求更高的收入,而后返回户籍地定居置业享受公共服务,迁移动因在生命周期上存在转换。考虑到迁移行为通常以家庭为单位,本书进一步以户主为代表考察人口的迁移行为,再次印证了户籍移民和非户籍移民在生命周期上不同的迁移模式。此外,本书还根据移民受教育程度不同进行了异质性分析,结果发现非户籍移民中不同受教育水平的人群迁移方向一致,即均迁往商业环境更佳的城市;而户籍移民中,仅低受教育水平的群体体现出明显生活质量导向型迁移行为。这说明,享受基本公共服务的机会对于低受教育水平的群体更为重要。

3. 以空气质量为例,考察了具体城市环境的经济价值。空间均衡模型显示,地区间空气质量的差异将体现在地区房价的差异上,通过考察空气质量对房屋价值的影响可以间接估算其经济价值。遗漏变量问题是此类估计的最大挑战。本书创新地使用我国各城市陆续公布 PM2.5 监测数据作为自然实验,在双重差分的框架下克服了空气质量内生于当地经济的问题。本书利用2010 年 6 月至 2016 年 11 月我国 96 个地级市月度房价面板数据以及通过卫星遥感技术得到的城市历史 PM2.5 浓度数据,考察了空气质量在地区住房价格中的资本化。研究发现,PM2.5 浓度信息公开后,城市历史平均 PM2.5 浓度每升高 100%,房价随之下降约 0.8%。具体地说,信息公开后,污染最严重的城市相对于平均污染水平的城市房价下降了 66.87 元/平方米。进一步分析显示,信息公开后,空气质量在房价上的资本化不断加强并逐渐收敛于一定水平,这意味着居民对居住环境的空气质量已经形成长期稳定的需求。此外,本书通过百度搜索指数研究发现,公众对环境关注度越高的城市,空气质量在房价上的资本化程度越高。此外,本书还发现不同信息公开方式对不同类型城市的影响存在异质性。基本结论通过了一系列稳健性检验。

改革开放以来,城镇化和人口跨区流动是推动我国经济增长的两大引擎。然而,未来我国城镇化将进入减速期(魏后凯,2014),同时人口增速放缓,"刘易斯拐点"已经来临(蔡昉,2010)。在这样的背景下,下一步城市化推进应该由数量型向质量型转变,全面提升城市化的经济效益和社会效益。

国内以往文献主要关注于城市的经济属性,即对于生产率和就业的影响(范剑勇,2006;高虹,2014;王建国和李实,2015)。本书旨在引导人们开始关注城市的宜居属性。本书的一系列发现证实了中国居民对于城市宜居性的需求。人口是城市发展的核心要素,在未来,提高城市生活质量,将是吸引人口流入、增强城市竞争力的重要手段。

以下结合本书的研究结果,就两个方面对未来城镇化建设提供具体的政策建议。

1. 以人为核心的城镇化。未来城镇化工作的核心将是推进人口的市民化,消除户籍制度导致的城乡差异和地区歧视,保证所有公民平等享受公共服务的权利。本书认为,为达到这一目标,正如"三个1亿人"工程①提出的,需要从多个角度、在各个地理空间上共同发力。首先,在人口集中流入的大城市,进一步深化居住证制度,努力实现基本公共服务覆盖全部常住人口,使持有居住证的外来人口平等享受教育、医疗和住房保障的权利,使他们能更好地融入城市、扎根城市,从而进一步释放内需、发挥人口的集聚的优势。其次,城市化问题不一定局限在大城市解决,考虑到现实的城市环境资源承载力和政府财力约束,中西部地区应发挥城市化的后发优势,大力加强基础设施建设和提升公共服务供给水平,吸引本地人口就近城镇化。

2. 绿色可持续的城镇化。我国过去以工业化带动城镇化的发展模式导致了环境的严重退化和巨大的资源消耗。污染带来的经济成本上升,已经直接和间接影响我国城市化发展的效率(国务院发展研究中心和世界银行联合课题组,2014)。发展绿色可持续的城镇化是保障居民生存权、健康权的必然要求。城市建设中需要明确发展经济和保护环境的辩证关系,坚持人与自然和谐共生的发展方向,树立"绿水青山就是金山银山"的发展理念。具体而言,可以采取以下措施:将环境治理绩效纳入官员晋升考评体系,通过晋升激励促使地方官员加大环境治理力度;进一步推进环境信息公开,发挥公众监督作

---

① 2014年3月5日,李克强总理代表国务院在第十二届全国人民代表大会第二次会议上所作的政府工作报告中提出:"今后一个时期,着重解决好现有'三个1亿人'问题,促进约1亿农业转移人口落户城镇,改造约1亿人居住的城镇棚户区和城中村,引导约1亿人在中西部地区就近城镇化。"

用,形成自下而上的环境治理压力;推进区域间环境治理协调机制,实现跨越行政边界的绿色管理,将环境污染的外部性内部化;促进城市功能在空间上的合理布局,尽量降低城市蔓延、职住分离带来的交通拥堵和雾霾污染;鼓励使用新能源和节能技术,进一步淘汰高污染高能耗的落后产业。

本书中虽然计算了 2000 年城市生活质量和商业环境指数与当时的人口迁移动因,但受限于数据,难以将这一研究推进到更新的年份。鉴于数据的时效性,利用本书的结论解释当前人口流向和城市特征时需要更为谨慎。本书局限于 2000 年数据有如下原因。就城市间人口迁移信息而言,2000 年人口普查数据是目前唯一可以提供微观个体城市间迁移信息的全国性数据库。其他的全国性人口调查数据,如 2005 年全国人口 1% 调查和 2010 年全国第六次人口普查,其人口迁出地信息均只细化到省一级①,不能满足考察城市间人口流动情况的需求。就利用空间均衡模型计算城市两项环境指数而言,由于城市房价数据的可得性更强,本书在实证中利用房价来替代居住成本——房租。高波等(2013)指出,2003 年之后,我国房价上涨速度超过租金,两者涨幅之间出现明显"剪刀差"(文献也将这部分视为房价泡沫),房屋兼具了极强的投资属性,因此在更近年份用房价替代房租的做法便不合理。而房租缺乏覆盖全国地级市的统计数据。以上因素导致两项城市指数的计算也不能推进到更新的年份。近十几年来,我国各地区城市发展和人口流动呈现出诸多新趋势,有待未来更完善的数据对此进行深入考察。为部分弥补数据时效性的缺陷,本书在附录中利用 2010 年数据对部分主要结论进行了稳健性检验,均得到了印证。

本书第二章在估计城市工资水平时尽量控制了可观测的劳动力结构差异,但不可否认的是,现实中存在劳动力依据不可观测的能力在城市间群分

———————

① 该信息对应于问卷中的"一年前常住地"或"五年前常住地",而非户籍登记地。仅通过户籍登记地信息来识别移民将遗漏户籍移民(拥有现住地户籍的移民)。在本书研究中,户籍移民由于能享受本地公共服务,体现出与非户籍移民相反的、为了生活而迁移的模式,考察其迁移模式至关重要。

(sorting)的现象,这会使得工资估计存在偏误。Combes et al.(2008)发现40%—50%的地区间工资水平差异是由劳动力在地区间的群分效应导致的。但由于缺乏面板数据,我们难以通过个体固定效应控制不可观测的个人能力因素。未来在数据可得的情况下,可以利用上述方法,估计得到更为准确的控制个体因素后的城市间工资差异。

本书第四章通过考察房地产市场估计得到空气质量的经济价值。实际上,城市环境的资本化不仅仅局限于房地产市场。单以空气质量为例,许多文献还从口罩销售量(Zhang and Mu,2017)、空气净化器销售量(Ito and Zhang,2016)以及对幸福感的影响(Luechinger,2009;Levinson,2012;Anderson et al.,2016;Zhang et al.,2017)等多个角度考察了人口对于优质空气的支付意愿。准确来说,环境质量的经济价值应综合考虑以上所有因素,这样估计的结果将远远大于其在单一市场中的资本化。限于篇幅和关注重点,本书未将已有研究中分散于各市场的空气质量支付意愿进行加总。未来研究可进行这方面工作,此类研究成果可为环境保护治理提供重要数据支持。

附录:中国城市生活质量和商业
环境的最新趋势

——基于 2010 年数据的稳健性检验

正文中利用 2000 年数据揭示了我国城市生活质量和商业环境的基本特征以及人口迁移模式和动因(对应第三章和第四章内容)。为了说明这些主要结论不局限于以上特定年份,此附录将利用 2010 年数据进行稳健性检验,这也利于将本书的结论推进到更新年份,增强对当下工作的指导意义。

需要说明的是,本附录中相关检验的原理、方法以及思路与正文并无二致,然鉴于数据可得性差异,部分细节处理或有不同。本附录将着重解释存在差异的部分,而相同的部分将不再赘述。

A1 2010 年中国生活质量和商业环境指数

A1.1 估计城市房租和工资的计算策略

房租:2010 年第六次人口普查数据中包含了微观个体的房租支出信息,因此 2010 年城市相对房租的估计不需要利用 Hsieh and Moretti(2015)的方法进行处理,而可以利用微观数据直接估计城市房租。具体的方法如下:将分级的房租支出信息作为被解释变量,扣除房屋特征的影响后,每个城市虚拟变量的系数值即城市的相对房租。

工资:第六次人口普查数据未调查工资信息,因此工资估计同正文一样采用 Hsieh and Moretti(2015)的方法进行处理。此处的局部地区劳动力微观数据库采用中国健康与营养调查(CHNS)数据,它提供了 2010 年附近理想的全国劳动力微观数据。利用 CHNS 2010 估计出的个人特征对工资的影响系数如表 A1 所示。

表 A1　个体特征对工资的影响(CHNS 2010)

被解释变量:ln(月工资)	
年龄	0.038 *** (0.006)
年龄的平方	−0.0005 *** (6.90e−05)
性别	0.280 *** (0.019)
受教育年限	0.048 *** (0.003)
常数	6.160 *** (0.126)
城市固定效应	是
观察值	3689
R−squared	0.294

注:(1) ***、**、* 分别表示在 1%、5%、10% 水平上显著,括号中是系数的标准误;(2)月工资收入仅考虑主要职业(不考虑第二职业);(3)受教育年限定义如下:小学毕业=6 年,初中毕业=9 年,高中和中专毕业=12 年,大专和大学毕业=16 年,硕士以上=19 年。

此后的步骤如正文一样,利用人口普查的微观抽样数据,统计每个城市劳动力的平均年龄、性别比、平均受教育年限,同时统计各项特征的全国平均值,其后利用以上数据根据公式对《中国城市统计年鉴》中的城市工资水平进行相应的调整。

A1.2 2010 年城市生活质量和商业环境的相关性

根据以上数据和方法计算得到 2010 年我国 280 个城市生活质量和商业环境指数①,同样地将两项指数结果进行标准化处理,得到可对照比较的结果。指标结果的描述性统计见表 A2。

表 A2 2010 年全国城市生活质量和商业环境指标描述性统计

指标	样本量	平均值	标准差	最小值	最大值	相关系数
生活质量	280	0	1	−5.375	2.386	−0.88 ***
商业环境	280	0	1	−2.003	5.480	

注: *** 、 ** 、 * 分别表示在 1%、5%、10% 水平上显著。

从表中发现,2010 年我国生活质量指数和商业环境指数依旧呈现明显的负相关关系,并且相关系数从 2000 年的 −0.85 进一步加强到 −0.88。

绘制分别以生活质量和商业环境为横纵坐标的散点图如图 A1,可以直观地观察到两项指数的负相关关系。大部分点分布在第二和第四象限,即对于大多数城市而言,两项指标中一项较为突出而另一项则较为落后。这些特征都和 2000 年一致,导致此特征的是我国典型的劳动力迁移模式:中西部地区劳动力为了赚取工资收入,不得不忍受沿海城市低下的生活质量;同时,将节省下来的工资收入寄回流出地城市,用于购房或其他有利于家庭生活质量的消费活动。从劳动力流动方向来看,是从中西部地区流向沿海地区;从工资收入流动来看,是从沿海地区流向中西部地区。

---

① 参数选取(工资收入比、住房支出比、企业劳动力成本占比和企业用地成本占比)同 2000 年,详见正文表 2-1。一是因为相关参数具有较强稳定性;二是进行参数敏感性测试,结果显示参数在一定范围内选取均不影响两项指数的计算结果。

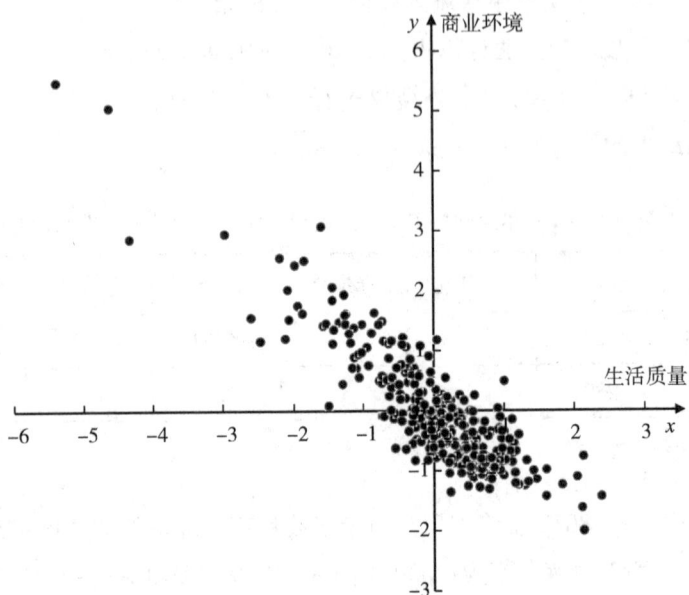

图 A1　2010 年全国 280 个城市商业环境与生活质量指数分布

A1.3　参数敏感性测试

为验证两项指数受参数选取影响较小,此处将进行参数敏感性测试。同样针对住房支出占比和企业用地成本占比这两项难以精确度量的参数进行敏感性测试,结果如表 A3 所示。结果说明,参数在合理区间内取值均基本不影响指数计算结果,意味着指数对参数选取的敏感性不强。

表 A3　2010 年生活质量和商业环境指数的参数敏感性测试

住房支出比	与原生活质量指数的相关性	企业用地成本占比	与原商业环境指数的相关性
0.50	0.948	0.20	0.982
0.10	0.956	0.01	0.998

A1.4 人口流动的整体趋势

为进一步验证流动人口从生活质量指数较高的内陆地区流向商业环境指数较高的沿海地区这一特征,此处将 2010 年人口净流入占比与两项指数进行相关性分析。此处选择了城市非户籍移民净流入数在城市常住人口中的占比这一相对指标,这与正文中选择人口净流入的绝对值作为被解释变量同时控制人口规模的方法思路是一致的,即消除人口规模的影响。结果印证 2010 年同样维持了商业环境指数高的城市人口净流入多,而生活质量指数高的地区人口净流出多的大趋势。

表 A4　生活质量和商业环境与城市非户籍移民净流入

	生活质量	商业环境	观测值
与城市非户籍移民净流入占比的相关系数	−0.877	0.569	280

注:城市非户籍移民净流入占比指城市非户籍移民净流入数在城市常住人口中的占比,该比值根据
　　2010 年人口普查抽样数据计算得到。

A1.5 城市特征对商业环境和生活质量的影响

随着居民生活方式和理念的改变,影响生活质量的城市特征可能随着时间发生变化,同样,由于生产方式、交通贸易条件的改变,不同自然禀赋和后天优势对商业环境的影响也可能改变。表 A5 采用 2010 年城市特征变量对两项指数进行多元线性回归,发现了一些变与不变。首先,唯有基础教育可得性持续影响生活质量指数,再次说明我国特殊的生活质量指数实际反映的是户籍绑定的公共服务享受壁垒问题,人口净流入越多的城市基础教育供给越紧张,生活质量指数低,流动人口不得不迁回户籍地所在的城市地区即人口净流出的城市,解决子女入学问题。而气候、城市交通、空气质量等其他因素在2000 年和 2010 年这两个时点上对生活质量指数均没有稳定的影响。就商业环境而言,离海岸线距离、与大城市距离和是否为首批开放城市等变量依旧产生显著影响。

表 A5　2010 年城市特征对生活质量和商业环境的影响

自变量	生活质量	自变量	商业环境
最高温度	−0.0143 (0.0148)	离海岸线距离	−0.0412* (0.0243)
基础教育	0.284*** (0.0541)	与大城市距离	−0.222*** (0.0265)
SO$_2$ 浓度	−0.0229 (0.0557)	人口规模	−0.0205 (0.0632)
道路密度	−0.525 (1.079)	人力资本	0.0128*** (0.000828)
人口密度	−6.387*** (1.946)	经济特区	−1.221*** (0.353)
常数	0.0935 (0.315)	首批沿海开放城市	0.419** (0.186)
—	—	资源型城市	0.429*** (0.115)
—	—	私营经济占比	0.335 (0.280)
—	—	常数	2.148** (1.088)
观察值	235	观察值	236
R−squared	0.213	R−squared	0.715

注:(1) ***、**、*分别表示在 1%、5%、10%水平上显著,括号中是系数的标准误;(2)除"人力资本"和 "私营经济"外,2010 年回归中的变量与 2000 年定义相同。2010 年回归中的"人力资本"定义为 2010 年各地区每千人中具有大学文化程度的人数,数据来源为各地第六次人口普查公报。2010 年 回归中的"私营经济"用从业人员占比表示,定义为城镇私营和个体从业人员(城镇私营和个体从 业人员+城镇单位从业人员期末人数),数据来源为《中国城市统计年鉴 2011》。

A1.6　非户籍移民净流入对生活质量指数的影响

检验上文提到的我国生活质量指数成因的一个方法是考察人口流动对指 数的影响,这也是正文中提到的验证这一机制成立的城市层面证据。此处将 用 2010 年数据进行验证,首先,由于数据可得性,2010 年仅能统计出非户籍移民数量,因此正文中对于户籍移民的检验将略去;其次,此处将用非户籍移民净流入占比这一相对指标作为解释变量,更具合理性;最后,此处不再按商业环境指数正负区分"沿海城市"与"内陆城市"进行分样本回归,使结果更具一致性。

回归结果显示,在控制了其他城市特征后,非户籍移民净流入占比与生活质量指数负相关。这一结果的具体解释是,非户籍移民迁入越多的沿海城市,由于其公共服务供应紧张,非户籍移民就地享受基础教育等服务难度大,因此没有长期定居预期,收入不会用于购买本地住房,因此工资对房价的助推力不强,房价相对于工资较低,显示在指数上即生活质量指数较低。人口净流出的地区则恰恰相反,这些地区由于人口大量流出,公共服务充裕,流动人口将沿海打工赚取的收入用于在这些地区购房从而获得享受公共服务的资格,抬高了当地房价,体现为生活质量指数较高。2010年的检验结果与正文中的关于生活质量指数成因的推测是吻合的,说明公共服务约束下的工作置业空间分离的模式在2010年依旧延续。

表A6 2010年非户籍移民净流入对生活质量指数的影响

被解释变量:城市生活质量指数	
非户籍移民净流入占比	-0.871*** (0.171)
最高温度	-0.0150 (0.0141)
基础教育	0.212*** (0.0533)
SO_2 浓度	0.00505 (0.0532)
道路密度	0.213 (1.034)
人口密度	-6.277*** (1.848)

续表

被解释变量：城市生活质量指数	
常数	0.0487 （0.299）
观察值	235
R-squared	0.293

注：*** 、** 、* 分别表示在 1%、5%、10% 水平上显著，括号中是系数的标准误。

A2　2010 年城市间劳动力迁移模式的微观证据

A2.1　2010 年城市间人口流动的数据来源和样本选择

劳动力为了收入迁往沿海城市务工，而为了享受户籍绑定的公共服务，将收入用于在流出地购房，抬高流出地房价，这是正文总结的中国特色劳动力迁移机制和我国特殊的生活质量指数成因。为印证这一模式在 2010 年是否延续，此处将与正文一样利用人口普查微观数据对流动方向进行分析。然而由于普查问卷设计不同，2010 年仅能识别人户分离的"非户籍移民"，而不能像正文中一样识别出拥有现住地户籍的"户籍移民"[1]。因此 2010 年仅考察非户籍移民，其他样本筛选方法同正文一致。处理后的样本数为 522304 个。同样的，将流入地与流出地之间的两项指数差异"Δ商业环境"和"Δ生活质量"作为被解释变量。

2010 年流动人口个人特征的描述性统计见表 A7。

---

① 2010 年第六次人口普查仅询问了"现住地""户籍地"，而未考察 5 年前常住地等迁移轨迹的信息，因此无法识别迁移后获得现住地户籍的样本。

表 A7　2010 年流动人口个人特征的描述性统计

变量	观察值	均值	标准差	最小值	最大值
Δ 商业环境	522304	2.07	1.79	−6.79	7.48
Δ 生活质量	522304	−1.71	1.84	−7.76	7.41
年龄	522304	32.14	10.35	15	64
性别(女=1)	522304	0.43	0.50	0	1
民族(少数民族=1)	522304	0.05	0.22	0	1
户口类型(非农户口=1)	522304	0.13	0.34	0	1
文化程度(大学以上=1)	522304	0.09	0.29	0	1
婚姻状况(单身=1)	522304	0.35	0.48	0	1
工作状况(无工作=1)	522304	0.09	0.29	0	1

A2.2　2010 年流动人口在生命周期上迁移方向的基本结果

表 A8 结果显示,对于流动人口而言,所有年龄段的虚拟变量对 Δ 商业环境的回归系数都为正,对 Δ 生活质量的回归系数都为负,说明所有年龄段的整体流动趋势都是流向商业环境更佳的城市,代价是牺牲了生活质量。同时,从 Δ 商业环境系数绝对值上看,这一倾向随着年龄不断减弱。

表 A8　2010 年流动人口在生命周期上的迁移方向

变量	Δ 商业环境	Δ 生活质量
15—24 岁	2.206*** (0.008)	−1.835*** (0.008)
25—34 岁	2.178*** (0.005)	−1.806*** (0.006)
35—44 岁	2.108*** (0.005)	−1.716*** (0.006)
45—54 岁	1.995*** (0.009)	−1.642*** (0.009)

变量	Δ 商业环境	Δ 生活质量
55—64 岁	1.898*** (0.014)	-1.554*** (0.014)
控制个人特征	是	是
观测值	522304	522304
R-squared	0.5808	0.4692

注:(1) ***、**、* 分别表示在 1%、5%、10%水平上显著,括号中是系数的标准误;(2)个人特征包括:性别、民族(是否为少数民族)、户口类型(是否为农业户口)、文化程度(是否拥有大专及以上学历)、婚姻状况(是否单身)、是否有工作。

参 考 文 献

一、中文文献

[1]中华人民共和国国家统计局编:《中华人民共和国 2016 年国民经济和社会发展统计公报》,中国统计出版社 2017 年版。

[2]中国工程院环境保护部编:《中国环境宏观战略研究:环境要素保护战略卷》,中国环境科学出版社 2011 年版。

[3][美]马修·卡恩、郑思齐:《中国绿色城市的崛起:经济增长与环境如何共赢》,中信出版社 2016 年版。

[4]倪鹏飞主编:《中国城市竞争力报告 No.14 新引擎:多中心群网化城市体系》,中国社会科学出版社 2016 年版。

[5]赵家章、张平、杨春等:《2016 年中国 35 个城市生活质量报告》,社会科学文献出版社 2017 年版。

[6]白重恩、钱震杰:《国民收入的要素分配:统计数据背后的故事》,《经济研究》2009 年第 3 期。

[7]蔡昉:《人口转变、人口红利与刘易斯转折点》,《经济研究》2010 年第 4 期。

[8]曹彩虹、韩立岩:《雾霾带来的社会健康成本估算》,《统计研究》2015 年第 7 期。

[9]柴国俊、邓国营:《城市规模与大学毕业生工资溢价》,《南方经济》2012 年第 10 期。

[10]陈斌开、陆铭、钟宁桦：《户籍制约下的居民消费》，《经济研究》2010年 S1 期。

[11]陈斌开、徐帆、谭力：《人口结构转变与中国住房需求：1999~2025——基于人口普查数据的微观实证研究》，《金融研究》2012 年第 1 期。

[12]陈永伟、陈立中：《为清洁空气定价：来自中国青岛的经验证据》，《世界经济》2012 年第 4 期。

[13]邓曲恒、[瑞典]古斯塔夫森：《中国的永久移民》，《经济研究》2007年第 4 期。

[14]段成荣、杨舸：《我国流动人口的流入地分布变动趋势研究》，《人口研究》2009 年第 6 期。

[15]樊攀：《历史语境下 PM2.5 议题的话语变迁与报纸呈现》，《新闻与传播评论》集刊 2014 年卷。

[16]范剑勇：《产业集聚与地区间劳动生产率差异》，《经济研究》2006 年第 11 期。

[17]范剑勇、莫家伟、张吉鹏：《居住模式与中国城镇化——基于土地供给视角的经验研究》，《中国社会科学》2015 年第 4 期。

[18]冯皓、陆铭：《通过买房而择校：教育影响房价的经验证据与政策含义》，《世界经济》2010 年第 12 期。

[19]高波、王文莉、李祥：《预期、收入差距与中国城市房价租金"剪刀差"之谜》，《经济研究》2013 年第 6 期。

[20]高虹：《城市人口规模与劳动力收入》，《世界经济》2014 年第 10 期。

[21]国务院发展研究中心和世界银行联合课题组：《中国：推进高效、包容、可持续的城镇化》，《管理世界》2014 年第 4 期。

[22]黄枫、吴纯杰：《中国省会城市工资溢价研究——基于分位数回归的空间计量分析》，《财经研究》2008 年第 9 期。

[23]黄滢、刘庆、王敏：《地方政府的环境治理决策：基于 SO_2 减排的面板数据分析》，《世界经济》2016 年第 12 期。

〔24〕江艇、孙鲲鹏、聂辉华:《城市级别、全要素生产率和资源错配》,《管理世界》2018 年第 3 期。

〔25〕康远志:《中国居民消费率太低吗?——基于居住支出的实证分析》,《江汉学术》2014 年第 2 期。

〔26〕李超、倪鹏飞、万海远:《中国住房需求持续高涨之谜:基于人口结构视角》,《经济研究》2015 年第 5 期。

〔27〕李超、万海远、田志磊:《为教育而流动——随迁子女教育政策改革对农民工流动的影响》,《财贸经济》2018 年第 1 期。

〔28〕李强:《影响中国城乡流动人口的推力与拉力因素分析》,《中国社会科学》2003 年第 1 期。

〔29〕梁若冰、汤韵:《地方公共品供给中的 Tiebout 模型:基于中国城市房价的经验研究》,《世界经济》2008 年第 10 期。

〔30〕梁文泉、陆铭:《后工业化时代的城市:城市规模影响服务业人力资本外部性的微观证据》,《经济研究》2016 年第 12 期。

〔31〕刘成斌、周兵:《中国农民工购房选择研究》,《中国人口科学》2015 年第 6 期。

〔32〕刘修岩、李松林:《房价、迁移摩擦与中国城市的规模分布——理论模型与结构式估计》,《经济研究》2017 年第 7 期。

〔33〕罗长远、张军:《经济发展中的劳动收入占比:基于中国产业数据的实证研究》,《中国社会科学》2009 年第 4 期。

〔34〕吕冰洋、郭庆旺:《中国要素收入分配的测算》,《经济研究》2012 年第 10 期。

〔35〕邵帅:《煤炭资源开发对中国煤炭城市经济增长的影响——基于资源诅咒学说的经验研究》,《财经研究》2010 年第 3 期。

〔36〕石庆玲、郭峰、陈诗一:《雾霾治理中的"政治性蓝天"——来自中国地方"两会"的证据》,《中国工业经济》2016 年第 5 期。

〔37〕孙红玲:《候鸟型农民工问题的财政体制求解》,《中国工业经济》

2011 年第 1 期。

[38]陶然、徐志刚:《城市化、农地制度与迁移人口社会保障——一个转轨中发展的大国视角与政策选择》,《经济研究》2005 年第 12 期。

[39]王春光:《农村流动人口的"半城市化"问题研究》,《社会学研究》2006 年第 5 期。

[40]王桂新:《中国人口迁移与区域经济发展关系之分析》,《人口研究》1996 年第 6 期。

[41]王桂新:《改革开放以来中国人口迁移发展的几个特征》,《人口与经济》2004 年第 4 期。

[42]王桂新、潘泽瀚、陆燕秋:《中国省际人口迁移区域模式变化及其影响因素——基于 2000 和 2010 年人口普查资料的分析》,《中国人口科学》2012 年第 5 期。

[43]王建国、李实:《大城市的农民工工资水平高吗?》,《管理世界》2015 年第 1 期。

[44]王美艳、蔡昉:《户籍制度改革的历程与展望》,《广东社会科学》2008 年第 6 期。

[45]魏后凯:《新时期中国城镇化转型的方向》,《中国发展观察》2014 年第 7 期。

[46]夏怡然、陆铭:《城市间的"孟母三迁"——公共服务影响劳动力流向的经验研究》,《管理世界》2015 年第 10 期。

[47]向宽虎、陆铭:《发展速度与质量的冲突——为什么开发区政策的区域分散倾向是不可持续的?》,《财经研究》2015 年第 4 期。

[48]许宪春、唐杰、殷勇、郭万达:《居民住房租赁核算及对消费率的影响——国际比较与中国的实证研究》,《开放导报》2012 年第 2 期。

[49]杨曦:《城市规模与城镇化、农民工市民化的经济效应——基于城市生产率与宜居度差异的定量分析》,《经济学(季刊)》2017 年第 4 期。

[50]于涛方:《中国城市人口流动增长的空间类型及影响因素》,《中国人

口科学》2012 年第 4 期。

　　[51]张丽、吕康银、王文静:《地方财政支出对中国省际人口迁移影响的实证研究》,《税务与经济》2011 年第 4 期。

　　[52]张展新:《从城乡分割到区域分割——城市外来人口研究新视角》,《人口研究》2007 年第 6 期。

　　[53]赵方、袁超文:《中国城市化发展——基于空间均衡模型的研究》,《经济学(季刊)》2017 年第 4 期。

　　[54]郑思齐、符育明、任荣荣:《居民对城市生活质量的偏好:从住房成本变动和收敛角度的研究》,《世界经济文汇》2011 年第 2 期。

　　[55]郑思齐、任荣荣、符育明:《中国城市移民的区位质量需求与公共服务消费——基于住房需求分解的研究和政策含义》,《广东社会科学》2012 年第 3 期。

　　[56]郑思齐、万广华、孙伟增、罗党论:《公众诉求与城市环境治理》,《管理世界》2013 年第 6 期。

　　[57]周皓、梁在:《中国的返迁人口:基于五普数据的分析》,《人口研究》2006 年第 3 期。

　　[58]周黎安:《中国地方官员的晋升锦标赛模式研究》,《经济研究》2007 年第 7 期。

　　[59]周梦天、王之:《空气质量信息公开会影响城市房价吗?——基于我国各城市公开 PM2.5 监测数据的自然实验》,《世界经济文汇》2018 年第 3 期。

二、英文文献

　　[1]Alonso,W.,*Location and Land Use*,Harvard University Press,1964.

　　[2]Blomquist,G.,"Measuring Quality of Life",In:Arnott,R. and D. McMillen,(Eds.),*A Companion to Urban Economics*,Wiley-Blackwell,2006.

　　[3]Combes,P.P.,G.Duranton,L.Gobillon,et al.,"Estimating Agglomeration

Economies with History", Geology and Worker Effects, in *Agglomeration economics*, University of Chicago Press, 2010.

[4] Duranton, G. and D. Puga, "Micro-foundations of Urban Agglomeration Economics", in: Henderson, J.V. and J-F. Thisse, (Eds.), *Handbook of Regional and Urban Economics*, Vol.IV, North Holland Amsterdam, 2004.

[5] Florida, R., *The Rise of the Creative Class and How it's Transforming, Work, Leisure, Community and Everyday Life*, Basic Books, 2002a.

[6] Freeman, A., *Air and Water Pollution Control: A Benefit-Cost Assessment*, Wiley, 1982.

[7] Freeman, A., *The Measurement of Environmental and Resource Values: Theory and Methods*, Resources for the Future, 1993.

[8] Glaeser, E.L., *Agglomeration and Spatial Equilibrium*, Oxford University Press, 2008.

[9] Marshall, A., *Principles of Economics*, Macmillan and Co., 1890.

[10] Muth, R., *Cities and Housing*, University of Chicago Press, 1969.

[11] Neumark, D. and H. Simpson, "Place-basedpolicies", in. *Handbook of regional and urban Economics*, Vol.5, Elsevier, 2015.

[12] Rosen, S., "Wage-Based Indexes of Urban Quality of Life", In Peter Miezkowski and Mahlon R. Straszheim, eds., *Current Issues in Urban Economics*, Johns Hopkins University Press, 1979.

[13] Rosenthal, S. and Strange, W., "Evidence on the Nature and Sources of Agglomeration Economies", in Henderson, J.V. and J-F. Thisse, (Eds.), *Handbook of Regional and Urban Economics*, Vol.IV, North Holland Amsterdam, 2004.

[14] World Bank, *Urban China: Toward Efficient, Inclusive, and Sustainable Urbanization*, World Bank Publications, 2014.

[15] Acemoglu, D. and J. Angrist, "How Large are Human-Capital Externalities? Evidence from Compulsory Schooling Laws", *NBER Macroeconomics Annual*,

15,2000.

[16] Ades, A.F. and E.L.Glaeser, "Trade and Circuses:Explaining Urban Giants", *Quarterly Journal of Economics*,110(1),1995.

[17] Albouy, D., "Are Big Cities Bad Placesto Live? Estimating Quality of Life Across Metropolitan Areas",NBER Working Paper No.14472,2012.

[18] Albouy,D., "What are Cities Worth? Land Rents,Local Productivity and the Total Value of Amenities", *Review of Economics and Statistics*,98(3),2016.

[19] Albouy, D., W. Graf, R. Kellogg, et al., "Climate Amenities, Climate Change, and American Quality of Life", *Journal of the Association of Environmental and Resource Economists*,3(1),2016.

[20] Allen,T.and C.Arkolakis, "Trade and the Topography of the Spatial Economy", *Quarterly Journal of Economics*,129(3),2014.

[21] Anderson,M.L.,F.Lu,Y.Zhang,et al., "Superstitions,Street Traffic,and Subjective Well-Being", *Journal of Public Economics*,142,2016.

[22] Banzhaf, H.S. and R.P.Walsh, "Do People Vote with Their Feet? An Empirical Test of Tiebout's Mechanism", *American Economic Review*,98(3),2008.

[23] Baum – Snow, N. and R. Pavan, "Understanding the City Size Wage Gap", *Review of Economic Studies*,79(1),2012.

[24] Bayer,P.and R.Mcmillan, "A Unified Framework for Measuring Preferences for Schools and Neighborhoods", *Journal of Political Economy*, 115(4), 2007.

[25] Bayer, P., N.Keohane and C.Timmins, "Migration and Hedonic Valuation:The Case Of Air Quality", *Journal of Environmental Economics and Management*,58(1),2009.

[26] Beckstead,D., W.M.Brown and G.Gellatly, "The Left Brain of North American Cities:Scientists and Engineers and Urban Growth", *International Regional Science Review*,31,2008.

[27] Beeson, P. E. and R. W. Eberts, "Identifying Productivity and Amenity Effects in Interurban Wage Differentials", *Review of Economics and Statistics*, 71 (3), 1989.

[28] Bender, B., T.J. Gronberg and H.S. Hwang, "Choice of Functional Form and the Demand for Air Quality", *Review of Economics and Statistics*, 62(4), 1980.

[29] Berger, M.C., G.C. Blomquist and K.S. Peter, "Compensating Differentials in Emerging Labor and Housing Markets: Estimates of Quality of Life in Russian Cities", *Journal of Urban Economics*, 63(1), 2008.

[30] Black, S., "Do Better Schools Matter? Parental Valuation of Elementary Education", *The Quarterly Journal of Economics*, 114(2), 1999.

[31] Blanchard, O.J. and L.F. Katz, "Regional Evolutions", *Brookings Papers on Economic Activity*, No.1, 1992.

[32] Bleakley, H. and J. Lin, "Portage and Path Dependence", *Quarterly Journal of Economics*, 127(2), 2012.

[33] Blomquist, G., M. Berger and J. Hoehn, "New Estimates of the Quality of Life in Urban Areas", *American Economic Review*, 78, 1988.

[34] Brauer, M., G. Freedman, J. Frostad, A. V. Donkelaar, R. V. Martin, F. Dentener, et al., "Ambient Air Pollution Exposure Estimation for the Global Burden of Disease 2013", *Environmental Science & Technology*, 50(1), 2016.

[35] Brucato, J.P.F., J.C. Murdoch and M.A. Thayer, "Urban Air Quality Improvements: A Comparison of Aggregate Health And Welfare Benefits to Hedonic Price Differentials", *Journal of Environmental Management*, 30(3), 1990.

[36] Bui, L.T. and C.J. Mayer, "Regulation and Capitalization of Environmental Amenities: Evidence from the Toxic Release Inventory in Massachusetts", *The Review of Economics and Statistics*, 5(3), 2003.

[37] Cai, H., Z. Wang and Q. Zhang, "To Build Above the Limit? Implementation of Land Use Regulations in Urban China", *Journal of Urban Economics*, 98,

2017.

[38]Cai,F.and D.Wang,"Migration As Marketization:What Can We Learn from China's 2000 Census Data?",*The China Review*,3(2),2003.

[39]Chauvin,J.P.,E.Glaeser,Y.Ma and K.Tobio,"What is different about urbanization in rich and poor countries? Cities in Brazil,China,India and the United States",*Journal of Urban Economics*,98,2017.

[40]Chay,K.Y.and M.Greenstone,"Does Air Quality Matter? Evidence from the Housing Market",*Journal of Political Economy*,113(2),2005.

[41]Chen,Y.,A.Ebenstein,M.Greenstone,et al.,"From the Cover:Evidence on the Impact of Sustained Exposure to Air Pollution on Life Expectancy from China's Huai River Policy",*Proceedings of the National Academy of Sciences of the United States of America*,110(32),2013.

[42]Chen,Y.and S.S.Rosenthal,"Local Amenities and Life-cycle Migration:Do People Move for Jobs or Fun?",*Journal of Urban Economics*,64(3),2008.

[43]Chen,Y.,G.Z.Jin,N.Kumar and G.Shi,"Gaming in Air Pollution Data? Lessons from China",*The BE Journal of Economic Analysis and Policy*,12(3),2012.

[44]Chen,Y.,J.V.Henderson and W.Cai,"Political Favoritism in China's Capital Markets and Its Effect on City Sizes",*Journal of Urban Economics*,2017.

[45]Ciccone,A.and R.E.Hall,"Productivity and the Density of Economic Activity",*The American Economic Review*,86(1),1996.

[46]Clark,D.E.and W.J.Hunter,"The Impact of Economic Opportunity,Amenities and Fiscal Factors on Age-Specific Migration Rates",*Journal of Regional Science*,32(3),1992.

[47]Coase,R.H.,"The Problem of Social Cost",*Journal of Law and Economics*,3(4),1960.

[48] Combes, P. P. , G. Duranton and L. Gobillon, "Spatial wage disparities: Sorting matters!", *Journal of Urban Economics*, 63(2), 2008.

[49] Currie, J. , L. Davis, M. Greenstone and R. Walker, "Environmental Health Risks and Housing Values: Evidence from 1,600 Toxic Plant Openings and Closings", *The American Economic Review*, 105(2), 2015.

[50] Davis, M. A. and F. Ortalo - Magné, "Household Expenditures, Wages, Rents", *Review of Economic Dynamics*, 14(2), 2011.

[51] Desmet, K. and E. Rossi-Hansberg, "Spatial Development", *American Economic Review*, 104(4), 2013.

[52] Desmet, K. and E. Rossi-Hansberg, "Urban Accounting and Welfare", *American Economic Review*, 103(6), 2013.

[53] Diamond, R. , "The Determinants and Welfare Implications of US Workers' Diverging Location Choices by Skill: 1980 - 2000", *American Economic Review*, 106(3), 2016.

[54] Donkelaar, A. V. , R. V. Martin, M. Brauer, et al. , "Global Estimates of Ambient Fine Particulate Matter Concentrations from Satellite-Based Aerosol Optical Depth: Development and Application", *Environmental Health Perspectives*, 118 (6), 2010.

[55] Ebenstein, A. , M. Fan, M. Greenstone, G. He, P. Yin and M. Zhou, "Growth, Pollution, and Life Expectancy: China from 1991-2012", *American Economic Review*, 105(5), 2015.

[56] Feler, L. and J. V. Henderson, "Exclusionary Policies in Urban Development: Under-Servicing Migrant Households in Brazilian Cities", *Journal of Urban Economics*, 69(3), 2011.

[57] Ferguson, M. , K. Ali, M. Olfert and M. Partridge, "Voting with Their Feet: Jobs versus Amenities", *Growth and Change*, 38(1), 2007.

[58] Florida, R. , "The Economic Geography of Talent", *Annals of the Associa-

tion of American Geographers, 92(4), 2002b.

[59] Freeman, A. M., "On Estimating Air Pollution Control Benefits From Land Value Studies", *Journal of Environmental Economics and Management*, 1 (1), 1974.

[60] Freeman, R., W. Liang, R. Song and C. Timmins, "Willingness to Pay for Clean Air in China", *Journal of Environmental Economics and Management*, 94, 2019.

[61] Frey, B., S. Luechinger and A. Stutzer, "The Life Satisfaction Approach to Environmental Valuation", *Annual Review of Resource Economics*, 2, 2010.

[62] Fu, Y. and S. A. Gabriel, "Labor Migration, Human Capital Agglomeration and Regional Development in China", *Regional Science & Urban Economics*, 42 (3), 2012.

[63] Gabriel, S. A., J. P. Mattey and W. L. Wascher, "Compensating Differentials and Evolution in the Quality-of-Life among U. S. States", *Regional Science & Urban Economics*, 33(5), 2003.

[64] Gabriel, S. and S. Rosenthal, "Quality of The Business Environment versus Quality of Life: Do Firms and Households Like The Same Cities?", *Review of Economics and Statistics*, 86, 2004.

[65] Gamper-Rabindran, S. and C. Timmins, "Does Cleanup of Hazardous Waste Sites Raise Housing Values? Evidence of Spatially Localized Benefits", *Journal of Environmental Economics and Management*, 65(3), 2013.

[66] Ganong, P. and D. Shoag, "Why Has Regional Income Convergence in The US Declined?", *Journal of Urban Economics*, 102, 2017.

[67] Ghanem, D. and J. Zhang, "Effortless Perfection: Do ChineseCities Manipulate Air Pollution Data?", *Journal of Environmental Economics and Management*, 68(2), 2014.

[68] Glaeser, E. L., "The Economics of Location-Based Tax Incentives", Har-

vard Institute of Economic Research, Discussion Paper, No.1932, 2001.

[69] Glaeser, E.L. and A.Saiz, "The Rise of the Skilled City", NBER Working Paper, No.10191, 2003.

[70] Glaeser, E.L. and J.D.Gottlieb, "The Wealth of Cities: Agglomeration E-conomies and Spatial Equilibrium in the United States", *Journal of Economic Liter-ature*, 47(4), 2009.

[71] Glaeser, E.L. and J.Gottlieb, "Urban Resurgence and the Consumer Cit-y", *Urban Studies*, 43, 2006.

[72] Glaeser, E. L. and J. Gottlieb, "The Economics of Place – Making Poli-cies", NBER Working Paper, No.14373, 2008.

[73] Glaeser, E. L. and J. Gyourko, "Urban Decline and Durable Housing", *Journal of Political Economy*, 113(2), 2005.

[74] Glaeser, E.L. and M.Lu, "Human Capital Externalities in China", Har-vard University and Shanghai Jiaotong University Working Paper, 2014.

[75] Glaeser, E.L., J.A.Scheinkman and A.Shleifer, "Economic Growth in a Cross-Section of Cities", *Journal of Monetary Economics*, 36(1), 1995.

[76] Glaeser, E. L., J. Kolko and A. Saiz, "Consumer City", *Journal of Eco-nomic Geography*, 1(1), 2001.

[77] Gollin, D., M.Kirchberger and D.Lagakos, "In Search of a Spatial Equi-librium in the Developing World", NBER Working Paper, No.23916, 2017.

[78] Greenstone, M., R.Hornbeck and E.Moretti, "Identifying Agglomeration Spillovers: Evidence From Winners and Losers Of Large Plant Openings", *Journal of Political Economy*, 118(3), 2010.

[79] Gyourko, J.and J.Tracy, "The Structure of Local Public Finance and the Quality of Life", *Journal of Political Economy*, 99, 1991.

[80] Gyourko, J., M.Kahn and J.Tracy, "Quality of Life and Environmental Comparisons", *Handbook of Regional & Urban Economics*, 3, 1999.

[81] Hansen, H. K. and T. Niedomysl, "Migration of the Creative Class: Evidence from Sweden", *Journal of Economic Geography*, 9(2), 2009.

[82] Harari, M., "Cities in Bad Shape: Urban Geometry in India", job market paper, *Massachusetts Institute of Technology*, 2016.

[83] Helsley, R. W. and W. C. Strange, "Knowledge Barter in Cities", *Journal of Urban Economics*, 56(2), 2004.

[84] Hoch, I., "Income and city size", *Urban Studies*, 9(3), 1972.

[85] Hornbeck, R., "Quantifying Long-term Adjustment to Environmental Change: Evidence from the American Dust Bowl", MIT, mimeo, 2008.

[86] Hsieh, C. T. and E. Moretti, "Why Do Cities Matter? Local Growth and Aggregate Growth", NBER Working Paper, No.21154, 2015.

[87] Ito K. and S. Zhang, "Willingness toPay for Clean Air: Evidence from Air Purifier Markets in China", NBER Working Paper, No.22367, 2016.

[88] Jaffe, A. B., M. Trajtenberg and R. Henderson, "Geographic Localization of Knowledge Spillovers as Evidenced by Patent Citations", *Quarterly Journal of Economics*, 108(3), 1993.

[89] Jia, R., "Pollution for Promotion", Working Paper, 2017.

[90] Kahn, M.E., "A Revealed Preference Approach to Ranking City Quality of Life", *Journal of Urban Economics*, 38(2), 1995.

[91] Kahn, M.E., "Smog Reduction's Impact on California County Growth", *Journal of Regional Science*, 40(3), 2010.

[92] Kahn, M.E. and M.J. Kotchen, "Business Cycle Effects on Concern about Climate Change: the Chilling Effect of Recession", *Climate Change Economics*, 2(3), 2011.

[93] Kline, P. and E. Moretti, "Local Economic Development, Agglomeration Economies, and the Big Push: 100 Years of Evidence from the Tennessee Valley Authority", *Quarterly Journal of Economics*, 129(1), 2014.

[94] Krugman, P., "Increasing Returns and Economic Geography", *Journal of Political Economy*, 99(3), 1991.

[95] Kuang, C., "Does Quality Matter in Local Consumption Amenities? An Empirical Investigation with Yelp", *Journal of Urban Economics*, 100, 2017.

[96] Levinson, A., "Valuing Public Goods Using Happiness Data: The Case of Air Quality", *Journal of Public Economics*, 96(9–10), 2012.

[97] Li, S., J. Yang, P. Qin, et al., "Wheels of Fortune: Subway Expansion and Property Values in Beijing", *Journal of Regional Science*, 56(5), 2016.

[98] Liu, J. and Xing C., "Migrate for Education: An Unintended Effect of School District Combination in Rural China", *China Economic Review*, 40, 2016.

[99] Liu, Y. and J. Shen, "Jobs or Amenities? Location Choices of Interprovincial Skilled Migrants in China, 2000–2005", *Population, Space and Place*, 20(7), 2014.

[100] Liu, Z., "The External Returns to Education: Evidence from Chinese Cities", *Journal of Urban Economics*, 61(3), 2007.

[101] Luechinger, S., "Valuing Air Quality Using the Life Satisfaction Approach", *The Economic Journal*, 119(536), 2009.

[102] Mastromonaco, R., "Do Environmental Right – to – Know Laws Affect Markets? Capitalization of Information in the Toxic Release Inventory", *Journal of Environmental Economics and Management*, 71, 2015.

[103] Mills, E.S., "An Aggregative Model of Resource Allocation in a Metropolitan Area", *American Economic Review*, 57(2), 1967.

[104] Moretti, E., "Estimating the Social Return to Higher Education: Evidence from Longitudinal and Repeated Cross–Sectional Data", *Journal of Econometrics*, 121(1–2), 2004a.

[105] Moretti, E., "Workers' Education, Spillovers, and Productivity: Evidence from Plant – Level Production Functions", *American Economic Review*, 94

(3),2004b.

[106]Murray,M.P.and G.Sun,"The Demand for Space in China",*Journal of Urban Economics*,98,2015.

[107]Oberholzer-Gee,F.and M.Mitsunari,"Information Regulation:Do The Victims of Externalities Pay Attention?",*Journal of Regulatory Economics*,30(2),2006.

[108]Papke,L.E.,"Tax Policy and Urban Development:Evidence from the Indiana Enterprise Zone Program",*Journal of Public Economics*,54,1994.

[109]Partridge,M.D.and S.R.Dan,"The Waxing and Waning of Regional Economies:The Chicken-Egg Question of Jobs versus People",*Journal of Urban Economics*,53(1),2003.

[110]Pope,J.C.,"Buyer Information and the Hedonic:The Impact of A Seller Disclosure on the Implicit Price for Airport Noise",*Journal of Urban Economics*,63(2),2008.

[111]Rappaport,J.,"Moving to Nice Weather",*Regional Science and Urban Economics*,37,2007.

[112]Rauch,J.E.,"Productivity Gains from Geographic Concentration of Human Capital:Evidence from the Cities",*Journal of Urban Economics*,34,1993.

[113]Roback,J.,"Wages,Rents and the Quality of Life",*Journal of Political Economy*,90(6),1982.

[114]Rosen,S.,"Hedonic Prices and Implicit Markets:Product Differentiation in Pure Competition",*Journal of Political Economy*,82(1),1974.

[115]Rosenthal,S.and W.C.Strange,"Agglomeration and Hours Worked",*Review of Economics and Statistics*,90(1),2008.

[116]Saks,R.E.and A.Wozniak,"Labor Reallocation over The Business Cycle:New Evidence from Internal Migration",*Journal of Labor Economics*,29(4),2007.

[117]Schiff, N., "Cities and Product Variety: Evidence from Restaurants", *Journal of Economic Geography*, 15(6), 2015.

[118]Schwartz, A., "Interpreting the Effect of Distance on Migration", *Journal of Political Economy*, 81(5), 1973.

[119]Scott, A.J., "Jobs or Amenities? Destination Choices of Migrant Engineers in the USA", *Papers in Regional Science*, 89(1), 2010.

[120] Shapiro, J. M., "Smart Cities: Quality of Life, Productivity, and the Growth Effects of Human Capital", *The Review of Economics and Statistics*, 88(2), 2006.

[121] Smith, B.A., "Measuring the Value of Urban Amenities", *Journal of Urban Economics*, 5(3), 1978.

[122] Smith, V. K. and J. C. Huang, "Can Markets Value Air Quality? A Meta-Analysis of Hedonic Property Value Models", *Journal of Political Economy*, 103(1), 1995.

[123]Stover, M.E.and C.Leven, "Methodological Issues in the Determination of the Quality of Life in Urban Areas", *Urban Studies*, 29(29), 1992.

[124]Tiebout, C.M., "A Pure Theory of Local Expenditures", *Journal of Political Economy*, 64(5), 1956.

[125] Waldfogel, J., "Preference Externalities: An Empirical Study of Who Benefits Whom in Differentiated-Product Markets", *The RAND Journal of Economics*, 34(3), 2003.

[126]World Bank and Institute for Health Metrics and Evaluation, "*The Cost of Air Pollution: Strengthening the Economic Case for Action*", World Bank, 2016.

[127]Wu, J., Y.Deng, J.Huang, R.Morck and B.Yeung, "Incentives and Outcomes: China's Environmental Policy", NBER Working Paper, No.18754, 2013.

[128]Xing, C.and J.Zhang, "The Preference for Larger Cities in China: Evidence from Rural-Urban Migrants", *China Economic Review*, 43, 2017.

[129] Yang, G., Y. Wang, Y. Zeng, G. F. Gao, X. Liang, M. Zhou, et al., "Rapid Health Transition in China, 1990-2010: Findings from the Global Burden of Disease Study 2010", *Lancet*, 381(9882), 2013.

[130] Zhang, J. and Mu Q., "Air Pollution and Defensive Expenditures: Evidence from Particulate-Filtering Facemasks", *Journal of Environmental Economics and Management*, 92, 2018.

[131] Zhang, Q. and R. Crooks, "Toward an Environmentally Sustainable Future: Country Environmental Analysis of the People's Republic of China", Asian Development Bank, 2012.

[132] Zheng, S. and M. E. Kahn, "Land and Residential Property Markets in A Booming Economy: New Evidence from Beijing", *Journal of Urban Economics*, 63(2), 2008.

[133] Zheng, S., J. Cao, M. E. Kahn and C. Sun, "Real Estate Valuation and Cross-Boundary Air Pollution Externalities: Evidence from Chinese Cities", *The Journal of Real Estate Finance and Economics*, 48(3), 2014.

[134] Zheng, S., W. Hu and R. Wang, "How Much is a Good School Worth in Beijing? Identifying Price Premium with Paired Resale and Rental Data", *The Journal of Real Estate Finance and Economics*, 53(2), 2016.

[135] Zheng, S., W. Sun and R. Wang, "Land Supply and Capitalization of Public Goods in Housing Prices: Evidence from Beijing", *Journal of Regional Science*, 54(4), 2013.

[136] Zheng, S., W. Sun, J. Wu, et al., "The Birth of Edge Cities In China: Measuring the Effects of Industrial Parks Policy", *Journal of Urban Economics*, 100, 2017.

[137] Zheng, S., Y. Fu and H. Liu, "Demand for Urban Quality of Living in China: Evolution in Compensating Land-Rent and Wage-Rate Differentials", *The Journal of Real Estate Finance and Economics*, 38(3), 2009.

后　记

　　本书源自博士学位论文，也是对我九年复旦求学之旅的总结。人生中最美好的九年能与复旦同行，与经院同行，与高山仰止的师长和风华正茂的校友们同行，是我的幸运。回想这一路走来，有太多人给予我无私和慷慨的帮助，谨以此书来表达对他们诚挚的感谢。

　　首先，感谢我读博道路上的指路明灯——范剑勇教授。还记得初次与范老师见面，范老师的平易近人加之在美国同一个州的生活学习经历以及同为浙江人的渊源，让我们拥有许多共同话题。范老师将彼时刚发表在《中国社会科学》上的《居住模式与中国城镇化——基于土地供给视角的经验研究》一文与我娓娓道来，向我灌输了撰写优秀经济学论文的核心——讲好中国故事。当时我的心里就埋下了一颗种子，要做接地气的经济学研究，勇于挖掘被人忽视却重要的中国经济特征。在这一思想的引导下，本书形成了贴近社会现实的风格。在三年博士学习期间，范老师给我提供了诸多珍贵的学习机会，如参与广东各市的新型城镇化调研等。范老师的言传身教，使我形成了学术严谨、得失淡泊的人生态度。

　　其次，感谢带领我步入经济学学术殿堂的引路人——王弟海教授。在他的指引下，我从保硕到保博，在学术道路上坚定地迈进。感谢王之老师，慷慨地向我传授城市经济学最前沿的理论成果和实证方法。王永钦老师，他是行走的文献库，每次与他交谈，都会惊叹于他对于文献的信手拈来。感谢博士论文指导小组成员陈钊老师、陆铭老师、陈庆池老师，他们都对本书的写作和修改提出了诸多建设性意见。陈钊老师和陆铭老师定期组织 workshop,使我汲取到了许多学术养分,会上兰小欢老师、朱志豪老师、奚锡灿老师的闪光观点大大拓宽了我的思路。西南财经大学的张吉鹏老师对本书也提出了许多珍贵意见。

　　再次,感谢本科期间的诸位老师:本科论文导师——余显财老师,他对于财税问题的深刻认识影响了我本科阶段的研究;杜莉老师,参与杜老师课题组是我的科研经历的启蒙;张晏老师,她教授的课程让我首次接触到经济学的实证方法;孙琳老师、徐烨老师、徐筱凤老师、王殿志老师,他们讲授的精彩而充实的专业基础课为我打下了坚实的学术基础。

　　感谢一路上给予我帮助和鼓励的各位同窗。感谢我的同门师兄弟姐妹:冷敏、唐为、叶菁文、桑瑞聪、陈至奕、胡玉梅、千倩茜、池晓辉、柯淑强、张韵,我们一起畅谈学术的时光令人难忘;感谢本科到研究生一路相伴的同学:陈舒敏、朱美聪、邓瑗瑗、吕怡、刘晓光,我们虽然各自在不同的城市、不同的工作岗位上,却总能相互慰藉、惺惺相惜;感谢博士学习期间的"战友":汪亚楠、周亚男、曾裕峰、张成强、赵琳、邓东升、唐珏、毛杰、夏小宝、郑乐凯,他们在学习和生活上都给予了我许多鼓励和支持;感谢在美国访学期间相伴的同学和友人,没有他们,异国生活将不会如此顺利且丰富;感谢梁文泉、夏怡然、刘学悦等学长学姐,他们无私的经验分享使我受益匪浅。

　　感谢中共浙江省委党校各位领导和同事给予的大力支持。本书的写作和出版得到了徐明华副校长、王祖强主任、王立军副主任、包海波副主任、孙雪芬副教授、刘磊博士、夏勇博士、潘家栋博士、徐梦周副主任以及校科研处的诸多指导和支持。

　　最后要感谢我的父母,感谢他们对我无微不至的关怀和照顾,我点点滴滴的收获,都凝结着他们的心血。

周梦天

2019 年 8 月

责任编辑:刘海静
责任校对:刘　青

图书在版编目(CIP)数据

中国城市生活质量、商业环境与人口流动研究:基于空间均衡的视角/周梦天
　　著. —北京:人民出版社,2019.11
ISBN 978－7－01－021494－8

Ⅰ.①中… 　Ⅱ.①周… 　Ⅲ.①城市-生活质量-关系-人口流动-研究-中国
②城市-商业环境-关系-人口流动-研究-中国 　Ⅳ.①F12 ②C924.24

中国版本图书馆 CIP 数据核字(2019)第 251179 号

中国城市生活质量、商业环境与人口流动研究
ZHONGGUO CHENGSHI SHENGHUO ZHILIANG
SHANGYE HUANJING YU RENKOU LIUDONG YANJIU
——基于空间均衡的视角

周梦天　著

人民出版社 出版发行
(100706　北京市东城区隆福寺街 99 号)

北京虎彩文化传播有限公司印刷　新华书店经销

2019 年 11 月第 1 版　2019 年 11 月北京第 1 次印刷
开本:710 毫米×1000 毫米 1/16　印张:9.75
字数:162 千字

ISBN 978－7－01－021494－8　定价:39.00 元

邮购地址 100706　北京市东城区隆福寺街 99 号
人民东方图书销售中心　电话 (010)65250042　65289539